「人文」肖像

——在朝內166號與前輩魂靈相遇

王培元 著

序

為一代知識份子畫像

林賢治

當「知識份子」的名詞輸入中國之際，正值這塊古老的東方大陸艱難轉型。由傳統士人蛻變而成的現代知識份子，歷史負擔無疑是沉重的，然而，他們卻以曠古未有的英雄主義行動，開創了一個新的時代。辛亥革命以及五四新文化運動的實質性成就，無論以多少富含黃金的字眼去形容它，評價它，都不會過分。即便如此，支配了幾千年的封建專制主義勢力對知識份子的影響依然強勁。即以「五四」以後的頭十年為例，從無政府主義到「好政府主義」，從「到民間去」到「踱進研究室」，從「為人生的藝術」到「為藝術而藝術」，都是明顯的轉向和倒退。一代啟蒙工作陷於停頓。大的方面原因有兩個：一是知識者的先天性脆弱，一是社會運動漸成壓倒性優勢。總之，知識精英與社會大眾不是分頭並進，而是由後者瓦解和吞併前者，使之喪失曾經一度在鬥爭中獲得的獨立身份。及至後來，整個知識群體幾乎淪為「社會公敵」而遭到唾棄，如文化大革命，其受迫害的程度是驚人的。

知識份子的命運史，其實是一部中國現代化史，是一段相當漫長的「苦難的歷程」。

書寫知識份子的歷史是意義重大的。然而,這種近於集體自傳式的書寫,唯有到了八十年代以後才成為可能;在此之前,實在是只可為政治家或工農兵立傳的。遺憾的是,有了史傳之後,正如我們所看到的,大多未能如實反映知識份子的面貌。對於歷史,我們不是採取歷史主義的態度,而是以意為之,功利主義得很。在否定知識份子改造運動之餘,走向另一個極端,極力掩蓋知識份子自身的人格和思想方面的缺陷,掩蓋知識與權力的關係,故意誇大個別政治文化派別或學術小圈子的成就,如二三十年代的「英美派」(「現代評論派」-「新月派」)、九十年代的「自由主義」和「新左派」,製造知識份子神話。如此種種,有一個帶根本性的原因,就是知識份子自我批判意識的缺失。

王培元先生長期以來一直關注知識份子問題。十多年前,他即已撰寫了一部延安魯藝的專著;本書的出版,可以看作是四十年代知識份子的事業與命運的一種延續。不同的是,前者側重事件,後者聚焦人物;但無論擇取何種結構方式,作者都不是從觀念出發,而是從事實材料出發,盡可能讓塵封的檔案及鮮活的記憶直接說話。

本書是王先生為他所在的人民文學出版社老一代知識份子撰寫的列傳。這是一家身份特殊的出版社,素有「皇家出版社」之稱,從中央到地方的金字塔式的建構來看,它居於塔尖的位置,是出版界精英人物最集中的地方。他們的沉浮進退,在中國知識界中是具有代表性的。

列傳,是創自《史記》的一種傳統的歷史書寫形式。在史書中設置列傳,它的好處是將歷史文學化、人性化,通過人際關係的展開和人物形象的刻畫,賦予歷史以政治、軍事以外的豐富生動的生活內

容。王先生的書不是那種傳統意義上的嚴謹的史學著作，而是一部融合了史學與文學因素的邊緣性作品。全書由多篇獨立的小傳連綴而成，它的歷史性，主要表現在不同的個人命運背後的共同的時代框架上面。整個框架大象無形，然而堅硬實在，不可變易。書中的人物幾乎無一可以免除批鬥、囚禁、勞役，深受精神和皮肉之苦，簡直帶有宿命的性質。孟超和巴人的結局，可謂慘絕人寰。他們中的每個人都足以構成一個社會單元，富於獨立的文化價值；但當作者把這眾多的人生畫面有機地鋪陳開來，從而展現歷史的同一性時，顯然更具震撼的力量。這是悲劇的力量，也是理性的力量。在這裏，作者的批判意圖是明確的：像「文革」這樣的政治運動，以及形成一系列運動的社會機制應當永遠革除，因為，它首先是反人性的。

　　這樣，人類的價值與尊嚴便進入了全書的核心。正如我們在書中看到的，在政治壓力面前，中國的知識份子並不像西方知識份子那樣奮起反抗，而是忍耐、等待、掙扎，退回到自己的內心，唯以沈默的超重的工作體現自身的價值。作者沒有就「知識份子意識」，即在公共性和道義感方面向主人公們進一步提出質詢，也許他有感於苦難的過分深重，而視此為一種苛責，所以表現相當寬容。不同於那些知識份子神話製造者的是，作者不是先驗地去完成一個政治構圖，而是透過特定的生存空間接近他筆下的人物，在價值取向上，對某些傳統道德和人格規範表示認同。他固然讚美馮雪峰、牛漢的剛直不阿，欣賞聶紺弩的狂狷，樓適夷的率真，嚴文井的超然，感動於韋君宜的勇毅，蔣路的謙和，林辰的篤實，而對一度千夫所指的舒蕪，也在大關節處有所開解，不乏獎譽之辭。

大量的口述材料的使用，使全書具有為一般的考據史學著作或文學雜記所沒有的文獻價值。而這些材料，又是為作者所嚴加選擇的。其中，如毛澤東與馮雪峰的關係的變異，馮雪峰為《魯迅全集》作注，以及後來的焚稿；牛漢與艾青在批判會上的問答；秦兆陽夜訪劉白羽；嚴文井對趙樹理和周揚的評價；綠原學習德語的始因；樓適夷的懺悔；聶紺弩寄巴人詩及其不同版本等等，這些史料都是非常珍貴的。要在有限的篇幅中寫盡一個人的一生，這是困難的事。作者的寫作策略是：一來引入日常生活的材料，凸顯人物個性，二是發掘人物的文化價值的特異性；除此以外，都屬多餘枝節而被刪夷。所以，即使全書寫了十餘位同樣職業的知識者，也不至流於面目模糊，彼此雷同。在書中，雖然作者使用了一定的文學手段，但是他並不特別看重為傳記作家所倚賴的情節，卻是較為注重細節性材料，由此顯出描寫的本領。書中的文學性，實際上更多地表現為富於文采的敘述語言。不同於歷史的分析性話語，作者是熱情的，激憤的，悲憫的，言語間有一種情感的浸潤；當人物的命運出現戲劇性轉折時，書中往往出現大段奔突而來的抒情性獨白，誠摯感人。

　　知識份子的歷史，需要從不同的角度和層面逼近真實，需要有不同形式、不同風格色彩的書寫。《人文肖像——在朝內166號與前輩魂靈相遇》僅係其中的一種。王先生於半個月前將書稿寄我並囑作序，使我得以重睹一群老知識份子的人生滄桑。余生也未晚，當「文革」時，受過批鬥，坐過囚室，且累及家人，然而不要說為天下蒼生憂，其時竟連為自己抗爭的勇氣也沒有。這種懦怯一直延至今日，自

覺是沒有為本書作序的資格的。以上文字，讀後感而已，倘若可以印出來，那麼，就當是大時代裏的一個小人物所作的一份精神見證吧。

2006年11月15日於廣州

目錄

緣起

166號，即北京朝內大街166號。

這是一幢五層的辦公樓，位於北京東四至朝陽門的朝內大街中段南側，坐落在這條大街與南小街交叉的十字路口的西南角上。

1958年1月，人民文學出版社（以下簡稱「人文社」）從東四頭條胡同4號文化部東院遷入此址，時至今日，一直是這個聞名遐邇的國家文學專業出版社的辦公之地。

看上去，這幢灰色的樓已經很陳舊，是一座「莊重卻又有些寒傖的老房子」。但是，許多到過這兒的詩人、小說家、學者、翻譯家，以及在這兒工作過的編輯家，卻對她懷著一種感念不已的深情和無限的眷戀。

時隔多年之後，來自河南的軍旅作家周大新仍清楚地記得，第一次走進人文社這棟舊樓時所產生的那種「敦厚、結實、歷盡滄桑的感覺」，他把捧著書稿走進出版社的作家喻為挺著大肚子走進了產房的孕婦，以為人文社是「一座美麗的可以讓人放心的設備

很好的產房」。給人文社編選過《九葉派詩選》等三本書，並稱之為「我的三個戀人」的藍棣之教授，動情地寫道：出版社所在那條街的樹蔭，出版社裏的氣氛，那些幫助他的編輯朋友，「真是有些讓我夢繞魂牽的」。對於「知青」出身的女作家張曼菱而言，人文社既是她早就遙望著的一座真正的「文學的大山」，又是「我的遙遠的文學的母親」。在以「回憶我在朝內大街166號的那段日子」為副題的文章裏，報告文學作家張鍥寫道：如果有人問「在你因進行文學創作到處漂泊走過的一些地方裏，哪兒給你留下最深的印象？」我一定會説：「是北京朝內大街166號大院。」而小説家周梅森有一篇文章的題目，就叫〈朝內大街166號〉！

朝內大街166號，久而久之竟成了一個人們耳熟能詳的「代碼」、「符號」，常常以此來指代有「皇家出版社」之稱的人文社。

在文學界很多人看來，位於166號的人文社，絕不是一家普通的文學

北京朝內大街166號正門

出版社。在魯彥周的心目中，這裏是「神聖的出版機構」，「是神聖之地，是可望不可即的文學殿堂」。李國文把她稱做「中國作家心目中的文學殿堂」，說人文社出版了他的第一部書，等於「認證了我從事文學事業的資格」，「像是給了我一張畢業文憑」。周梅森深情地追憶了二十二年前第一次走進朝內大街166號大門，「去朝拜我心中的文學聖殿」，此後這裏便成了「我的文學之家」的情景，還感情激越地說，他對人文社有著「家一般的歸屬感」。王火認為在中國文學領域，人文社「已塑成了一座巍峨的豐碑」。林庚指出：人文社「以謹嚴、高品位聞名於世」。王蒙曾寫道：「有一個講文學講質量講信用的人民文學出版社，是中國文學事業的幸運」。還有人或把這兒比作「我生命長河中的一塊精神綠地」（孫玉石），或擬之為一艘「白天它在汪洋中破浪前進，夜晚燈光耀眼」的「大船」（孫繩武），或說她會讓人想到「一棵鬱鬱蔥蔥綴滿了鮮花與果實的樹」（俞天白）……

「文學的真正慈母」，「文學聖徒」，「勤勤懇懇的文學事業的天使」，則是作家們獻給韋君宜等人文社的領導和編輯的美好頌辭。

幾十年來在中國大陸，恐怕還沒有第二家文藝類出版社，獲得過如此熱烈、真摯、深情而又崇高的讚美、褒獎和敬意吧？

幸運的是，筆者居然於1984年底大學畢業後，分配到人文社，進入現代文學編輯室，作了一名編輯。然而，當時並沒有意識和體認到這份工作的價值、重要性和神聖意義，只是把它看做一個謀生的飯碗，一份平平常常的職業，一個邁出校門之後不得不首先駐留的人生驛站。如今說來仍汗顏不已，那會兒甚至不知深淺地有那麼一點點抱屈。

就那麼混了若干時日以後，才慢慢地瞭解到：幾十年來，人文社對中國的文化建設和文學事業做出了多麼巨大而無法替代的貢獻，走過了何等輝煌壯麗而又曲折坎坷的歷程；也才漸漸地知道：曾經有一大批一流的作家、學者、翻譯家、編輯家、出版家，在這裏從事著既無名又無利的編輯出版工作，為讀者貢獻了大量的不可或缺的「信得過的精神產品」（借用綠原先生語，並增補「精神」二字），他們嘔心瀝血，甘為「人梯」，奉獻了畢生的心血、汗水，乃至青春和生命。

恰如魯彥周所說，「這個出版社的領導成員大都是我所崇拜的對中國文壇有過重要貢獻的人物」，如馮雪峰、樓適夷、王任叔、嚴文井、韋君宜等，「在我的記憶中，好像還沒有哪家出版社有過這麼多的文化人在為出版事業服務，為新中國的文學事業服務。至於她所出版的名著和培育的作家，當然更不用說了」；而且在那時，「有書在人民文學出版社出版，是衡量一個青年作者成就的重要標誌」。

北京東四頭條胡同4號文化部東院，人文社建社後遷入朝內大街166號之前，一直在此辦公。

　　只是到了後來，也只有到了後來，在瞭解、知道了上述一切之後；在深味了編輯工作的甘苦和樂趣之後；在結識了牛漢、林辰、蔣路、舒蕪、嚴文井諸位先生之後；在繼朱正先生，擔任了《瞿秋白文集》（文學編）第二至六卷的責任編輯，和張小鼎先生合作，並得到此書終審王仰晨先生耳提面命的指教之後；在編輯舒蕪先生的學術專著《周作人的是非功過》的過程中，愈來愈體悟到編輯工作的個中三昧之後；在與我的同事、主管領導高賢均（也是我的朋友和兄長，如今他已長眠於地下）共同策劃、編輯了在學術界還算是有一點反響的「貓頭鷹學術文叢」、「貓頭鷹學術譯叢」之後；在編輯了讀者歡迎、專家稱許的圖書《往事並不如煙》之後……才越發深切地感受到人文社這潭水有多深，也漸漸地對編輯出版工作產生了興趣和熱愛，並願意把它作為自己一生的「志業」。

　　近兩年，每逢節假日，時常到社裏來讀書、寫作，或者看稿子、會朋友。在一二樓之間樓梯拐彎處牆上的玻璃窗裏，張貼著很多中外偉大文學家的肖像，還有一行大字：「每天，我們面對他們的目光……」

　　當凝視著屈原、司馬遷、杜甫、曹雪芹、魯迅、但丁、莎士比亞、普希金、托爾斯泰、契訶夫、巴爾扎克、雨果、歌德、惠特曼等人的時候，胸中便有一種神聖而崇高的情感激流，鼓蕩盤旋起來。

　　彳亍在空蕩蕩的樓道之中，獨坐於北窗下靜悄悄的辦公室裏，有時似乎覺得馮雪峰、聶紺弩、樓適夷、鄭效洵、王任叔、孟超、林辰、韋君宜、秦兆陽、蔣路等前輩的魂靈，就在166號這座幽深寧靜的大樓裏逡巡、遊走。

他們在看著你，眼神裏流露出信任、希望、鼓勵和期許。

這時，往往會找出他們的書，翻開，邊讀邊想，一任思緒飛揚，猶如莽原上的野馬，彷彿在與前輩的魂靈，進行著自由的交談……

從這篇「緣起」開始的一組文字，或許可以看做是一個正在從事文學編輯出版工作的後生晚輩，與馮雪峰、聶紺弩等先生前輩們所進行的心靈對話、精神交流的零星碎片。

2005年5月10日於朝內大街166號北窗下

這裏有五棟兩層小樓，前三棟是人文社的辦公樓。

馮雪峰

——一隻獨棲的受傷的豹子

蕭紅曾有兩次在魯迅家吃晚飯，同桌還坐著一個很瘦、很高、頭髮剃得很短、穿著小背心的人，就住在魯迅家裏。魯迅介紹説：「這是一位同鄉，是商人。」

蕭紅發現這個人很活潑，不大像商人，也能喝酒，還讓別人酒，給她也倒了一盅。席間，他説到蒙古人什麼樣，苗人什麼樣，西藏女人又如何。吃完飯，還談起了魯迅的《偽自由書》和《二心集》。聽魯迅之子海嬰叫他 × 先生，蕭紅就明白他是誰了。

又一個晚上，蕭紅看見這位身上穿著長袍子，手裏提著小箱子的 × 先生，從魯迅家的三樓上下來，走到魯迅面前，説他要搬走了。許廣平送他出門去。魯迅在地上繞了兩圈，問蕭紅：「你看他到底是商人嗎？」蕭紅説：「是的。」

魯迅很有意思地在地上又走了幾步，停下來對蕭紅説：「他是販賣私貨的商人，是

販賣精神上的……」蕭紅終於知道了，×先生是走過兩萬五千里長征回來的。

在〈回憶魯迅先生〉一文中蕭紅寫的這位×先生，就是馮雪峰，被許廣平稱為魯迅文學遺產的「通人」的馮雪峰。

上個世紀五十年代初，剛成立不久的新中國的領導人，在百廢待興、萬象更始之際，決定組建人民文學出版社。不能不說這是一個關乎民族文化建設和文學發展的重要舉措。周恩來總理親自點將，安排馮雪峰擔任人文社第一任社長、總編輯。

一開始馮雪峰並不想接受這個職務，他打算從事自己所熱愛的文學研究和文學創作。於是建議由巴金來擔任此職，並去勸說巴金。巴金說：「我不會辦事。」請他代為辭謝。馮雪峰說：「你要不肯去，我就得出來挑這副擔子了。」巴金說：「你也別答應。」因為他覺得，馮雪峰「太書生氣，鯁直而易動感情」，也不一定合適。

巴金不幹，馮雪峰只好走馬上任。

被中央從陝北派回上海執行重要使命的馮雪峰

　　對馮雪峰瞭解得越深，對人文社的歷史知道得越多，就越是覺得：選擇他擔任人文社第一任社長、總編輯，是人文社之福，也是新中國文學出版事業之福，更是全社幾代編輯、員工之福。

　　到人文社的第三年（1986），社裏承辦全國第一屆馮雪峰學術討論會，我奉命參加會議籌備工作。時任副總編輯的陳早春說：「馮雪峰是咱們的老領導，論文不能都是別人來寫，咱們社的人更應該寫，你也寫一篇吧。」我說：「我試試吧。」為此，我認真讀了四卷本《雪峰文集》，勉力寫了一篇湊數的文章〈雪峰以比較文學方法進行的魯迅研究〉。

　　在中國現代文學家當中，馮雪峰不但是成就卓著的詩人、雜文家、寓言作家、文藝理論家、魯迅研究家，而且是真正有信仰、有追求、正直耿介、無私純粹的革命者。他是偉大的文學家、思想家魯迅的學生與戰友，也是參加過紅軍長征的唯一一位詩人、作家和文藝理論家。

　　1903年6月2日，馮雪峰生於浙江東部義烏一個山村的普通農家。這裏古屬越國，是著名的「報仇雪恥之鄉」。馮雪峰自稱是「純粹的山裏人」。他從小就感染了故鄉「民風的強頑」，漸漸形成了質樸、耿直、倔強的個性氣質。

　　他在金華省立第七師範學校讀書時，因帶頭參與驅逐迫害學生的學監的事件，被學校開除。他把自己原來的名字「馮福春」改為「馮雪峰」，瞞著家裏，帶著同學給他湊的十七元錢，獨自一人前往杭州，考進頗負盛名的浙江省立第一師範學校。他加入了在朱自清、葉聖陶等教師指導下進行創作活動的「晨光文學社」。1922年他和應修

人、潘漠華、汪靜之又結成了湖畔詩社，先後出版了詩歌合集《湖畔》和《春的歌集》，成了聞名遐邇、具有清新纏綿詩風的「湖畔詩人」。

1925年，他和後來寫了《二月》等小說的同學柔石，結伴來到北京，一面自修日文，一面在北京大學旁聽，多次聆聽魯迅講課。李大釗被絞死之後的1927年6月，他加入了中國共產黨，成為一個具有堅定共產主義信念、酷愛文學的青年共產黨人。後來由於遭到通緝，他不得不於1928年2、3月間逃離北京，南下上海。

這一年12月9日晚上，柔石帶他第一次去魯迅家，與魯迅見面。當時，他正在翻譯馬克思主義文藝理論。他帶著一些譯稿，登門向魯迅請教。對於初次見面的人，魯迅的話是極少的。柔石有事先走了。魯迅除了回答馮雪峰的問題之外，簡直不怎麼說話。他覺得很局促，也就很快告辭了。

第二次，魯迅仍然話不多。他請魯迅翻譯普列漢諾夫的幾篇關於藝術起源

十八歲的馮雪峰

的文章，魯迅答應了。以後魯迅的話就一次比一次多起來。不久，柔石幫他找到了魯迅家對面的一處房子。每天晚飯後，他站在陽臺上一看，如果魯迅家沒有客人，他就過去和魯迅聊天，常常是一聊就一兩個或三四個鐘頭。許廣平回憶說，馮雪峰「為人頗硬氣，主見很深，也很用功，研究社會科學，時向先生質疑問難，甚為相得」。

許廣平還說，馮雪峰「有過多的熱血，有勇猛的銳氣，幾乎樣樣事都想來一下，行不通了，立即改變，重新再做，從來好像沒見他灰心過。有時聽聽他們的談話，覺得真有趣，F（指馮雪峰——引者）說：『先生你可以這樣這樣的做。』先生說：『不行，這樣我辦不到。』F又說：『先生你可以做那樣。』先生說：『似乎也不大好。』F說：『先生你就試試看吧。』先生說：『姑且試試也可以。』於是韌的比賽，F的目的達到了」。

馮雪峰剛到上海的時候，狂熱地提倡「革命文學」的創造社和太陽社，正在與魯迅展開一場愈演愈烈的論戰。他們錯誤地攻擊魯迅是「封建餘孽」，是「二重性的反革命」，是「不得志的法西斯蒂」；認為魯迅的作品是「類似消遣的依附於資產階級的濫廢的文學」。

針對這種對魯迅的粗暴的批判，馮雪峰1928年5月寫了〈革命與知識階級〉一文，正面闡釋了魯迅作為中國知識份子的代表的價值。此前沒有任何一篇文章，如此明確地論述魯迅的文學創作與中國共產黨領導的革命鬥爭的本質聯繫。可以說，這是一篇表明中國共產黨人開始正確認識魯迅的里程碑式的文章。

認為「魯迅是我們的朋友」的年輕的共產黨人馮雪峰，就是懷著這樣一種寶貴的見解，全力投身於中國的無產階級革命文學運動，並

成為對這個運動做出了巨大貢獻的文藝理論家和傑出的實際領導者的。他始終與魯迅保持著良好的、親密的個人關係。他1931年擔任中國左翼作家聯盟的黨團書記，1932年擔任中共中央宣傳部文化工作委員會書記，為中國左翼文學事業的發展建立了不朽的功勳。

也許，人文社這艘負有重要文化使命的航船，只有擁有像馮雪峰這樣的人生境界、文化襟抱、精神器量、學術眼光、豐富閱歷、深厚學養，以及獨特個性和非凡人格魅力的人物，才勝任作她的船長吧。在他的出色指揮下，人文社起錨開航，開始了遼遠浩淼而又風勁浪急的文學出版之旅。

如果讓我這個後生晚輩，來斗膽簡括一下馮雪峰的貢獻的話，或許可以說，他的最重要的貢獻在於：為人文社確立和奠定了「兩個格局，一個傳統」。

「兩個格局」，即圖書出版格局與編輯人才格局。1951年3月建社之初，馮雪峰就明確提出了八字出版方針：

1931年4月20日，馮雪峰一家和魯迅一家在上海合影。當天《魯迅日記》載::「下午同廣平、海嬰、文英及其夫人並孩子往陽春館照相。」「文英」即指馮雪峰。是日，魯迅與馮雪峰通宵編印《前哨·紀念戰死者專號》畢，馮雪峰提議兩家合影留念。

「古今中外，提高為主。」第二年年初，又在他的主持下，把這八字方針具體化為：「一、當前國內創作及『五四』以後的代表作；二、中國古典文學名著及民間文藝；三、蘇聯及新民主主義國家文學名著及世界其他各國現代進步的和革命的作品；四、近代和古代的世界古典名著。」

　　為落實這一方針，人文社從1951年起，陸續編輯出版了「中國人民文藝叢書」（包括趙樹理的《李有才板話》、李季的《王貴與李香香》等二十一種），「解放軍文藝叢書」（包括杜鵬程的《保衛延安》、魏巍的《誰是最可愛的人》等三十六種），獲史達林文藝獎金的《太陽照在桑乾河上》（丁玲著）和《暴風驟雨》（周立波著）等，整理注釋本中國古典文學名著《水滸》、《三國演義》、《紅樓夢》、《西遊記》，以及外國古典文學名著《神曲》、《吉訶德先生傳》、《莎士比亞戲劇集》（12卷）等。此後，1953年開始出版《瞿秋白文集》，1956年開始出版《魯迅全集》，1957年開始出版《沫若文集》，1958年開始出版《茅盾文集》、《巴金文集》、《葉聖陶文集》等。另外，三套大型叢書「中國古典文學讀本叢書」、「外國古典文學名著叢書」、「中國古典文學理論批評專著選輯」，也於1958年起陸續出版。

　　1958年9月，《人民文學出版社五年出版規劃草案（1958－1962）》編制完成。這個長達四百七十二頁的規劃草案，分中國文學、外國文學兩個部分，奠定了迄今為止人文社圖書出版的基本構架。現在的一些叢書計畫、選題思路，仍得益於或延續了這個視野開闊、氣魄宏大、結構完整的規劃草案。其中有的叢書，如「中國古典文學讀本叢書」、「中國古典文學理論批評專著選輯」、「外國古典

文學名著叢書」、「外國古典文藝理論叢書」等等，已經成為人文社長銷不衰、獨家擁有的品牌圖書和非常豐厚的版本資源。

儘管在今天看來，當時制定的出版方針和規劃，不可避免地帶有時代所特有的政治文化印記，但經過具體實施，畢竟形成了一個思想比較開放、結構相對合理的圖書出版格局。人文社的出版物也因而參與了五十年代以來各個歷史時期中國的文化建設和文學事業，並對廣大讀者的精神生活發生過無法替代的影響。其作用，是不可抹殺的。

為組建一支優秀的人才隊伍，馮雪峰從全國各地物色、遴選，先後延攬了一批優秀的專家學者，如聶紺弩、張友鸞、舒蕪、顧學頡、王利器、周紹良、陳邇冬、麥朝樞、嚴敦易、林辰、孫用、楊霽雲、牛漢、朱葆光、劉遼逸、蔣路、許磊然、伍孟昌、趙少侯、金人、金滿成等，他們當之無愧地成為人文社編輯的骨幹和中堅。

人民文學出版社

五年出版規劃草案

（1958—1962）

1958年9月編制

人文社1958年1月遷入朝內大街166號（當時是320號）後，調整機構，擴大編制，並於9月編制完成了《人民文學出版社五年出版規劃草案（1958—1962）》。

因為有了這些前輩，才有了人文社幾十年來在當代中國思想文化、文學藝術、圖書出版領域的獨一無二的貢獻、聲譽、地位和影響。

在談到人文社的時候，有人說：「名社名編出名著」；一位小說家也說：「編輯的水平也就是出版社的水平，編輯的風格就是出版社的風格，編輯的素質也就決定了出版社的素質。」因為有上述功底深厚、學問紮實、甘於奉獻的一流的學者型編輯，幾十年來，人文社才能編輯出版數不勝數的品位高、質量好的圖書，並且積累了大量的優秀的版本。因此人文社的書，才能成為綠原所說的「信得過產品」，獲得一代代讀者的認可和歡迎。

經過一代又一代員工的辛勤勞作和紮實努力，人文社逐漸形成了「嚴謹，穩健，奉獻，開拓」的優秀傳統。這個傳統，也可稱為人文社的「社風」或「社格」。

這篳路藍縷的第一步，正是馮雪峰帶領著前輩創業者們，歷盡艱辛，一步一個腳印地跋涉過來的。有了這凝聚著「光榮與夢想」的拓荒和奠基，人文社才不但成了「一個製造和生產好書的工廠」，而且成了「一所無形的好大學」，「一家文化遺產蘊藏豐富的大圖書館」。她不只是第一個和唯一一個國家文學出版社，而且是「一個非常權威的機構」，在新中國文化界、知識界，發揮著舉足輕重的作用和深遠的影響。

假若說，今天提起人文社那些令人敬重、欽佩和景仰的前輩，就如同遠眺聳立於夕照中的群峰的話，那麼，說到馮雪峰，則好似遙望一座閃著聖潔之光的皚皚雪山。

　　左聯時期，他給那種話說得四平八穩、冠冕堂皇，而到了分配工作時就逃避的人，起了個綽號：「革命紳士」。開會的時候，他曾經暴怒地拍著桌子，疾言厲色地痛罵這些「革命紳士」。上個世紀五十年代，有一次，不知因為什麼，他和周揚吵翻了，大衣也沒拿，就怒氣衝衝地走了。後來，還是牛漢到周揚的辦公室去，幫他拿了回來。

　　「秉性豪爽，處事果斷，具傲骨，易怒，人不敢近。眾人在談笑間，他一到，便肅然無聲。」這是曾先後擔任人文社經理部主任、副社長的許覺民，對馮雪峰的印象。

　　一次，《魯迅小說集》封面的魯迅像印得有些模糊，許覺民被馮雪峰叫去，發了一通火，完了餘怒未息，還說要撤他的職，另換人。他於是就等著被撤，可過了一陣，並無什麼動靜。還有一回，時任詩歌散文組組長的牛漢，把一個編輯編的一本某現代詩人的詩選，送交給馮雪峰簽字。馮雪峰接過稿子，啪地扔到了地上，說：「他也就三四十年代有那麼兩首好詩，再就沒什麼好的了！」。

1957年的馮雪峰

然而，馮雪峰又常常是溫和的。向部下交辦完事情之後，他總要再問一句：「你看行不行？」。

當年丁玲在延安時，有人問她，「你最懷念什麼人？」她答道：「我最紀念的是也頻，而最懷念的是雪峰。」1927年冬天，一個朋友介紹馮雪峰教丁玲學日文。兩個人見面後，相貌平常、性格沉靜、一副苦學生模樣的鄉巴佬雪峰，讓丁玲一見鍾情，深深打動了她的心。

她說：「這是我第一次看上的人。」後來在〈不是情書〉一文中，丁玲又寫道：「我自己知道，從我的心上，在過去的歷史中，我真真的只追求過一個男人，只有這個男人燃燒過我的心……」。

當丁玲在延安懷念他的時候，馮雪峰正被國民黨關在上饒集中營裏。在一個暗夜裏，他做了一個美麗的夢，夢見了「一雙很大很深邃，黑白分明，很智慧，又很慈和的極美麗的眼睛」。於是，他在〈哦，我夢見的是怎樣的眼睛〉一詩中，記下了這個夢。有人說，這雙迷人的眼睛，特別像丁玲的大眼睛。

不少人回憶起馮雪峰，都談到他的異常儉樸，衣著破舊；談到行政部門買了一台電扇，送到他家裏，他立刻退了回去；談到他為公家辦事，需請客吃飯，如果由他個人出面，就一定是自己付錢；談到周總理指示配給他一輛專用小汽車（而人民、美術、教育等其他大社社長則沒有），而他卻很少坐，只有到中南海開會等重要活動，才偶爾坐坐，平常上班就戴頂大草帽，雇一輛三輪車，坐到社裏；談到如果下雨天他坐汽車回家，在胡同口就會下車，步行回家，怕車輪濺起的泥水，落到行人身上……。

還有人談到了他的與眾不同的脾氣和個性。他有魯迅說的「浙東人的老脾氣」與「硬氣」，性格倔強執拗、赤誠率真、偏激衝動、焦躁易怒。這種特立獨行的個性，使他1937年7月與赴南京和國民黨談判的中共代表團負責人博古一見面，就吵翻了。

馮雪峰奉命到南京參加與國民黨的談判，中共代表團裏地位僅次於王明、周恩來的第三號人物博古見到他後，給了他一份題為〈中國工農紅軍將士為蘆溝橋事變告全國民眾書〉的文件。當他看到其中有「服從蔣委員長」、「信奉三民主義」等內容時，不禁大怒，當即拍案而起，指著博古的鼻子，罵他是「新官僚」。

隨後他一氣之下，竟給潘漢年寫信請假，於年底回鄉寫紅軍長征的長篇小說去了。行前，他對胡愈之說：「他們要投降，我不投降。我再也不幹了，我要回家鄉去。」也對樓適夷說：「他們有些人，一心想當國民黨的新官了，我可不幹。」還說：「黨錯了，魯迅是對的。」

馮雪峰一時激於義憤，中斷與黨的組織關係兩年之久，不啻於毀滅了自己未來的政治前程。這種任性使氣的做法，不能不被中央領導人認為是「無組織、無紀律」的行為，恐怕也是後來導致毛澤東對他不滿和反感的一個原因。

1954年，毛澤東發動了《紅樓夢》研究批判運動，馮雪峰首當其衝。

毛澤東認為馮雪峰任主編的《文藝報》壓制了李希凡、藍翎研究《紅樓夢》的文章，專門寫了〈關於《紅樓夢》研究問題的信〉，指責《文藝報》「容忍俞平伯唯心論和阻攔『小人物』的很有生氣的批判文章」。在《人民日報》10月28日發表的袁水拍寫的〈質問《文藝

報》編者〉一文中，毛澤東又加了一句
「文藝報在這裏跟資產階級名人有密切
聯繫，跟馬克思主義和宣傳馬克思主義
的新生力量卻疏遠得很，這難道不是顯
然的嗎？」

10月31日至12月8日，中國文聯主
席團和中國作協主席團，先後召開了八
次主席團擴大會議，批評《文藝報》
「投降資產階級權威，壓制馬克思主義
新生力量」的「錯誤」。馮雪峰不得不
在會上發言檢討。他還被迫在11月4日
的《人民日報》上，發表〈檢討我在
《文藝報》所犯的錯誤〉的文章，公開
檢討自己在這一問題上所犯「錯誤」，
隨之被撤銷了《文藝報》主編職務。

在馮雪峰檢討自己的「錯誤」
「是反馬克思列寧主義」一句旁，毛
澤東揮筆批道：「應以此句為主去批
判馮雪峰。」

12月31日，毛澤東還將馮雪峰的
詩〈火〉，寓言〈火獄〉、〈曾為反對
派而後為宣傳家的鴨〉、〈猴子醫生和
重病的驢子〉等，批給劉少奇、周恩

馮雪峰手跡

19

來、陳雲、鄧小平、彭真、彭德懷、陳毅、陸定一，以及陳伯達、胡喬木、胡繩、田家英等人閱讀，批語是：「馮雪峰的詩和寓言數首，可一閱。如無時間，看第一篇〈火獄〉即可。」

〈火獄〉，是馮雪峰1945年5月1日寫於重慶的一篇短文。寫蘇聯紅軍攻進了柏林，全城立即起了大火。在火光裏，全世界人民照見自己，照見自己的勝利。「我好像就在柏林的城邊，俯視著這噴著火的地獄的海」；「這火獄的用場，便在於用敵人的消滅，來產生我們的歡快，而以我們的歡快，去照耀敵人的消滅」。

有一次，毛澤東拿著馮雪峰的一篇文章（〈火獄〉？），對胡喬木說：「馮雪峰的『湖畔』詩寫得很好，怎麼文章寫得這麼壞？」也許在毛澤東看來，這篇文章對於柏林的全城大火、屍體縱橫和黑暗淒涼所產生的「狂歡」的情緒，反映了一種很不健康的心理，從而加強了他對馮雪峰的厭惡吧？

大革命時期，在廣州工作的毛澤東，就曾打聽馮雪峰的下落，說他很喜

湖畔詩人的第二本詩歌合集《春的歌集》，湖畔詩社1923年底出版。

歡「湖畔」詩，希望馮雪峰能到南方
去，和他一起工作。1934年，馮雪峰
到達江西瑞金中央蘇區，擔任中央黨校
教務長，遭到當時中共中央領導人排斥
的毛澤東，常常來找他聊天。黨校殺了
豬，他就把毛澤東請來吃一頓。發了津
貼，兩個人還一起上小飯館。

　魯迅及其作品，是他們在一起
時，談論得最多的話題。讀過魯迅的
〈狂人日記〉、〈阿Q正傳〉等小說
的毛澤東，不無遺憾地對馮雪峰說：
「『五四』時期在北京，弄新文學的人
我見過李大釗、陳獨秀、胡適、周作
人，就是沒有見過魯迅。」

雪峰著雜文集《鄉風與市風》，
（上海）作家書屋1946年1月出版。

　馮雪峰告訴毛澤東，有一個日本
人，說全中國只有兩個半人懂得中國，
一個是蔣介石，一個是魯迅，半個是毛
澤東。毛澤東聽了大笑起來，說：「這
個日本人還不簡單，他認為魯迅懂得中
國，這是對的。」

　馮雪峰還告訴毛澤東，魯迅看過他
的一些詩詞，認為〈西江月·井岡山〉
有「『山大王』的氣概」。毛澤東聽
了，哈哈大笑。

毛澤東1945年秋赴重慶談判期間，會見了當時正在大後方從事文學創作及其他文學活動的馮雪峰，稱讚了他的雜文集《鄉風與市風》和詩集《真實之歌》，說好幾年沒有看到這樣的好作品了。

1979年1月，周揚在一次談話中，說毛澤東認為馮雪峰的雜文寫得不錯，曾挑選他的雜文給政治局的成員看，但對他的理論文章不滿。

在反對文藝的教條主義、實用主義、公式化和概念化方面，馮雪峰與胡風有相同之處。他1945年寫於重慶的長文〈論民主革命的文藝運動〉，與毛澤東的〈在延安文藝座談會上的講話〉存在著一些很明顯的分歧，當時就被認為是「反對毛主席的」。

在1946年4月23日《新華日報》的副刊上，馮雪峰發表署名「畫室」的文章〈題外的話〉，認為所謂文藝作品的「政治性」和「藝術性」的看法，是「不妥當的」，指出：「研究或評價具體作品，用什麼抽象的『政治性』、

雪峰著詩集《真實之歌》的封面，（重慶）作家書屋1943年12月出版。內封注明：「《荒野斷扦》上卷，1941——1942年作，1943年整理，」書後預告：「《荒野斷扦》下卷《彗星》即出」。

『藝術性』的代數式的說法，可說是什麼都弄糟了。如果這樣地去指導創作，則更壞。」

馮雪峰絕對不會料到，他的這些文字實際上被看做是，對於毛澤東〈在延安文藝座談會上的講話〉至高無上的權威的蔑視和挑戰。其結果，是不到十年，他就為此付出了沉重的代價。

在回憶四十年代重慶大後方的文藝運動時，茅盾曾寫道：「當時胡風是理論權威，而在他背後支持他的觀點的還有另一位理論權威馮雪峰，因此，在延安的文藝理論家何其芳、林默涵等來到重慶之前，重慶的文藝理論界是相當冷清的。……直到四五年底，重慶進步文藝界在周恩來同志的指示下，召開了幾次座談會，對胡風的文藝思想和舒蕪的〈論主觀〉進行了比較深刻的批評，也對馮雪峰進行了批評。……馮雪峰在周恩來找他談話之後，有所轉變，不再讚賞胡風的『主觀戰鬥精神』了，但並不徹底。」

馮雪峰與胡風雖然在有些問題上看法不盡一致，但兩個人有惺惺相惜的一面。馮雪峰認為胡風是懂文藝的，說他作為一個理論家，有詩人的敏感，是很重要的，對其主編的《七月》，非常欣賞。他從上饒集中營出獄到達重慶，第一次見到胡風，兩個人就徹夜長談。在重慶文藝界的一次會議上，馮雪峰發言說，國統區的文藝界是一片沙漠，其中只長了幾根綠草，那就是胡風主編的「七月詩叢」。

早在三十年代初，他和胡風就成了朋友。1936年4月25日，他受命從陝北抵達上海，之後有一段時間，幾乎天天在魯迅家裏和胡風會面。馮雪峰覺得周揚他們提的口號「國防文學」不好，就和胡風商

量，並經魯迅同意，提出了一個新的口號：「民族革命戰爭的大眾文學」，引發了「兩個口號」的激烈論爭，也因此而得罪了周揚等人。

馮雪峰三十年代在上海與周揚、夏衍等人的結怨，不啻於給他1957年被劃為「右派分子」，埋下了一顆定時炸彈。

一次，聶紺弩到作家書屋去看馮雪峰，碰巧胡風也在，兩個人正議論周揚。聶紺弩插了一句：「無論你們怎樣看不起周揚，周揚的理論總是和毛主席一致的。」胡風問：「你怎麼知道？」

聶紺弩答：「這很簡單，如果不一致，周揚就不會在延安作得這麼好。雪峰為什麼作不好呢？」馮雪峰跳起來，把手裏的一本書砸到桌子上，大聲說：「周揚有什麼理論！」

何其芳和劉白羽到重慶宣傳毛澤東的〈在延安文藝座談會上的講話〉，在一次會議上，何其芳講在延安整風運動中，知識份子如何改造小資產階級思想，而且以自己為例，現身說法，讓人感覺到似乎他已經過改造，脫胎換骨，變成了無產階級了。有人說：「好快，他已經改造好了，就跑來改造我們。」

馮雪峰則忿忿地說：「他媽的，我們革命的時候他在哪裡？」

1945年1月25日，中共中央南方局文化工作委員會在重慶召開會議，馮乃超主持，茅盾、葉以群、蔡儀等人發言批判舒蕪的〈論主觀〉。茅盾說此文洋洋數萬言，實際上是「賣野人頭」。胡風在會上發言，要批判者寫出文章來。馮雪峰發言為〈論主觀〉做了一定辯護，說用心是好的，論點則很危險。後來，馮雪峰對舒蕪說：「你的意思是，每一個人都要把自己煉成鋼筋鐵骨，這是對的。但是，只有在戰鬥裏在群眾裏才能煉成鋼筋鐵骨，你沒有強調這一點，是你的缺點。」

　　由中共香港文委直接領導、從1948年3月1日起在香港出版的《大眾文藝叢刊》，連續刊發了邵荃麟、林默涵、何其芳、喬冠華、胡繩等人的文章，集中批判胡風的文藝理論、舒蕪的〈論主觀〉和路翎的小說。這種做法引起了馮雪峰的不滿，他氣憤地說：「這和當年創造社太陽社整魯迅一樣！我們在內地的人怎麼做事？」

雪峰與夫人何愛玉、長子馮夏熊、次子馮夏森、女兒馮雪明的全家福。

　　1955年1月，陸定一、周揚和林默涵到中南海，向毛澤東彙報關於批判胡風的計畫。臨走時，周揚對毛澤東說：「雪峰同志因《文藝報》的錯誤受了批評，心裏很痛苦。」毛澤東說：「我就是要他痛苦！」

　　「此一時也，彼一時也。」毛澤東對馮雪峰態度的變化，使周揚等人可以放開手腳地來打擊他們的怨敵了。馮雪峰跌入深淵的第一道閘門，就這樣打開了。

　　1955年6月下旬，由中共中央宣傳部部長陸定一署名，向中央寫了〈中共中央宣傳部關於中國作家協會黨組準備

對丁玲等人的錯誤思想作風進行批判〉的報告。報告除了提出「丁玲同志自由主義、個人主義的思想作風是極嚴重的」之外，還認為「馮雪峰同志也有嚴重的自由主義、個人主義的思想，這表現在他長期對黨不滿，驕傲自大，和黨關係極不正常」；他的文藝思想中「一直存在著許多唯心主義的觀點，許多地方跟胡風思想相同」。報告向中央彙報：「已責成一些同志對馮雪峰同志的著作加以研究，以便在批評丁玲同志思想作風之後，即進一步開展對馮雪峰同志的文藝思想的批判」。

1957年8月7日，《人民日報》第一版以〈文藝界反右派鬥爭的重大進展，攻破丁玲陳企霞反黨集團〉為題，報導了8月6日作協黨組擴大會議的情況，揭露、批判了丁玲和陳企霞，把馮雪峰也放在了「丁玲陳企霞等人反黨小集團」之中，點了他的名。

8月11日下午4時，馮雪峰奉命來到中國文聯大樓會議室，接受周揚、林默涵、邵荃麟、劉白羽和郭小川等人對他的「幫助」。他後來回憶說：「周揚先說，態度很嚴厲：『找你來，是要告訴你，也把你在大會上進行批判！鬥爭丁玲，不鬥爭你，群眾是不服的！』」周揚還說，1936年他和夏衍等人在上海堅持地下鬥爭，可馮雪峰卻勾結胡風，打擊他們。林默涵說：「鬥胡風時，沒批判你，黨內黨外都有人有意見。」還有人說，「必須對你鬥爭，這是為了黨的利益。」馮雪峰表示，自己不想被戴上小集團成員的帽子。

1957年8月14日下午，作協黨組在位於王府井大街36號的中國文聯大樓小禮堂，召開擴大會議批判馮雪峰，給了他致命的一擊。

時任作協黨組副書記的詩人郭小川，在這一天的日記裏寫道：「6時多就起來，天下雨……（下午）2時開會，先是蔡楚生發言，然後是徐達，緊接著是夏衍發言，講了雪峰對左聯的排斥，他的野心家

的面孔暴露無遺了，引起了一場激動，緊接著許廣平、沙汀發言，樓適夷發言，會場形成高潮……」

參加這次會議的黎辛，在〈我也說說「不應該發生的故事」〉一文中回憶說：

> 這是最緊張的一次會議。會上，夏衍發言時，有人喊「馮雪峰站起來！」緊接著有人喊「丁玲站起來！」「站起來！」「快站起來！」喊聲震撼整個會場。馮雪峰低頭站立，泣而無淚；丁玲屹立哽咽，淚如泉湧。夏衍說到「雪峰同志用魯迅的名義，寫下了這篇與事實不符的文章（指1936年8月初馮雪峰根據魯迅的意見擬稿，經魯迅補充修改而成的〈答徐懋庸並關於抗日統一戰線問題〉──引者注），究竟是何居心？」這時，許廣平忽然站起來，指著馮雪峰大聲斥責：「馮雪峰，看你把魯迅搞成什麼樣子了？！騙子！你是一個大騙子！」這一棍劈頭蓋腦的打過來，打得馮雪峰暈了，矇了，呆然木立，不知所措。丁玲也不再咽泣，默默靜聽。會場的空氣緊張而寂靜，那極度的寂靜連一根針掉地的微響也能聽見。爆炸性的插言，如炮彈一發接一發，周揚也插言，他站起來質問馮雪峰，是對他們進行「政治陷害」。接著許多位作家也站起來插言、提問，表示氣憤。

8月20日，《人民日報》以〈文藝界反黨分子馮雪峰是丁陳集團參加者、胡風思想同路人〉為題，公開報導了這次會議對馮雪峰的批判。

9月1日的《文藝報》，也刊載了〈馮雪峰是文藝界反黨分子〉的報導，說「他不但參加了丁、陳反黨集團的活動，而且在大鳴大放期間，在人民文學出版社煽風點火，鼓動對黨不滿的分子向黨進攻」云云。

就這樣，他被強加上「勾結胡風，蒙蔽魯迅，打擊周揚、夏衍，分裂左翼文藝界」的罪名，劃為「資產階級右派分子」，又被開除黨籍，撤銷人文社社長兼總編輯、作協副主席、全國文聯常務委員、全國人大代表等職。

消息傳到人文社，有人困惑不解，有人失聲痛哭，有人為之震驚、深感不平。也已被劃為「右派分子」的副總編輯聶紺弩說：「既然馮雪峰是『右派』，我自然也是『右派』，我是『雪峰派』嘛。不過，我不是資產階級右派，而是無產階級右派。雪峰願意去北大荒接受改造，我也去。雪峰走到哪裡，我跟他到哪裡。」他後來寫的〈雪峰十年祭〉詩二首之一有云：「識知這個雪峰後，人不言愁我自愁。」

馮雪峰為病中的魯迅擬稿的〈答徐懋庸並關於抗日統一戰線問題〉手跡。

馮雪峰被責令在家寫檢查，但他無論如何也想不通。他一次又一次去找作協黨組書記邵荃麟。邵荃麟對他說：「你要想留在黨內，就必須出來澄清〈答徐懋庸並關於抗日統一戰線問題〉引起的問題，承擔自己的責任。」馮雪峰苦苦地思慮了好多天，覺得無論如何，自己也不能違背歷史事實啊！

他又找到邵荃麟，向他傾訴了自己內心的痛苦。邵荃麟說：「先留在黨內，再慢慢地解決，被開除了就更難辦了。」在萬般無奈之下，馮雪峰只得委曲求全地同意了。他按照周揚他們的旨意，起草了人文社五十年代版《魯迅全集》的有關注釋：「魯迅當時在病中，他的答覆是馮雪峰執筆擬稿的，他在這篇文章中對於當時領導『左聯』工作的一些黨員作家採取了宗派主義的態度，做了一些不符合事實的指責。」

此事讓馮雪峰悔恨終生！

之後的好多天，他極度痛苦，整夜失眠，胃疼得特別厲害。他滿以為這樣做可以保留黨籍了，然而，他們並沒有兌現承諾，自己卻被無情地欺騙了、愚弄了。牛漢多次看見他，一個人枯坐在辦公室裏暗自啜泣。為了證明自己的清白，他幾次想去頤和園投昆明湖自殺。但一想到幾個孩子還小，妻子又沒有獨立謀生的條件，自己再痛苦也要支撐著活下去，活到歷史徹底洗淨潑到自己身上這些污水的那一天。

中央決定，對馮雪峰的鬥爭，主要在作家協會進行，人文社「則配合作戰」。8月12日，文化部一個副部長到人文社做動員報告，宣佈並號召對馮雪峰進行鬥爭。

8月13日至9月5日，人文社先後召開七次全社大會，集中批判馮雪峰的「反黨言行」。馮雪峰出席了第一次和最後一次批判會，

「聽取群眾意見」。巴人傳達了夏衍在作協黨組擴大會議上的發言後，原來認為馮雪峰為人正直、「傲上謙下」、「作風樸素」，因而尊敬他、景仰他，甚至崇拜他的人，對他的看法也有所變化，想不通的漸漸想通了，持懷疑態度的人減少了。在會上揭發批判的人，無非是抓住一些片言隻語上綱上線，表示與其劃清界限。當然，仍有人感到不解，暗暗地同情他，對他的「反黨」，感歎，惋惜，痛心。

一份油印材料《右派分子馮雪峰在整風中的反動言行》中寫道：「馮雪峰三十年來一貫對黨的領導不滿……正如他自己所說『得意時在黨之上，不得意時在黨之外』。」

1957年9月7日《人民日報》第3版，發表批判丁玲、陳企霞、馮雪峰等人的長文。

就這樣，這位老資格的革命文學家，一下子變成了革命的對象，成了一個「另類」。他在人文社做了一個普通編輯。1959年1月，被安排進了社內新組建的「編譯所」工作。雖然1961被摘去了「右派分子」的帽子，但他多次請求恢復黨籍，直到死，都未能如願。

1965年去河南安陽參加「四清」，只能使用「馮誠之」的化名。他本有繼續寫紅軍長征題材的長篇小說〈盧代之死〉和一部太平天國的小說的計畫，但作協領導人覺得他的「摘帽右派」的政治身份，不宜寫偉大的長征，只批准他寫太平天國的小說。馮雪峰傷痛欲絕，把已寫好的幾十萬字初稿，付之一炬。而寫太平天國興衰的小說〈小天堂〉，最終也胎死腹中。

「文革」中，年逾花甲的馮雪峰，先是被關進「牛棚」，後又與人文社的員工一起，發配到古稱「雲夢澤」的湖北咸寧向陽湖畔勞動改造。他種過菜，挑過糞，挖過渠，鋤過草，插過秧，清掃過廁所，放過鴨子。

「歲寒知松柏之後凋。」二三十年後，很多人都還記得，在向陽湖那幾年，馮雪峰沉想默思，寡言少語。工餘時間，除了看書，常常坐在大楓樹下，靜靜地深思。蒼蒼白髮略顯蓬亂，緊蹙的眉毛也染上了風霜，一雙深邃的眼睛凝望著迷蒙的遠方。他就像一隻受傷的豹子，悄悄地躲進密林深處，默默地舔舐著傷口裏流出的鮮血，孤獨地承受著、忍耐著苦痛和哀傷。

　　哦，孤獨，你嫉妒的烈性的女人！
　　你用你常穿的藏風的綠呢大衣

蓋著我，
像一座森林
蓋著一個獨棲的豹。

　　在向陽湖畔勞改的馮雪峰，使我想起了這首他寫於上饒集中營的詩〈孤獨〉，想起了詩人筆下這只「一座森林」蓋著的「獨棲的豹」。即使在那艱厄困窘的歲月裏，馮雪峰仍保持著精神的高潔和靈魂的尊嚴。

　　牛漢對我回憶說：「有一天，看見馮雪峰站在湖堤上看水泵，人看上去很瘦、很瘦。我說『雪峰，你太瘦了，簡直就像半棵樹』。他沒說話，只是笑了笑。後來我寫了〈半棵樹〉這首詩。」

　　我說：「從你的〈鷹的誕生〉、〈華南虎〉、〈悼念一棵楓樹〉等詩中，似乎都可以看到馮雪峰的精神影像。我還記得詩的結尾，『雷電還要來劈它／因為它還是那麼直那麼高／雷電從遠遠的天邊就盯住了它』。」

　　牛漢說：「可以說這些詩，表達了我對像雪峰這樣崇高而又美麗的生命被

晚年雪峰（1973年）

損害、被摧毀的一種感受吧。」

馮雪峰的〈短章，暴風雨時作·普洛美修士片斷〉：「忍耐是不屈，／而憤怒是神聖，／頑強簡直是天性！／但這一切都是為了愛，／於是又添了憎惡／和蔑視，／鎮定地，對著宙斯的惡德和卑怯！」似乎正是他的一幅「自畫像」。

1976年1月30日上午，長期處於痛苦的煎熬和孤寂的折磨中的馮雪峰，終因肺癌晚期不治，飲恨與世長辭。聶紺弩聞訊後，寫下了〈輓雪峰〉詩二首，其中有云：「狂熱浩歌中中寒，復於天上見深淵。文章信口雌黃易，思想錐心坦白難。」在1979年11月17日為他補開的追悼會上，詩人蕭三送了這樣一副輓聯：「尊崇一個忠誠正直的人，鄙視所有陰險毒辣的鬼。」

丁玲得知雪峰的死訊，熱淚縱橫。後來，她見到左聯時期的老朋友樓適夷，兩個人談起了雪峰。談著，談著，丁玲忽然問樓適夷：「雪峰這傢伙，為什麼要死呢？」

1956年10月，馮雪峰（右一）與來訪的魯迅的日本友人內山完造（右二），以及許廣平（右三）、樓適夷（右四）、楊霽雲（左三）、孫用（左二）、王士菁（左四）等人歡聚一堂。

馮雪峰最喜歡「詩人」這一名稱。他說過，「詩」和「人」不可分，沒有「人」，何「詩」之有？在我心目中，馮雪峰是真正的名副其實的詩人！

　　他的詩，是從他的靈魂深處飛揚而出的「美的晶光」，凸現了他的「貞潔的靈性」。他1941年、1942年寫於上饒集中營的詩集《真實之歌》和《靈山歌》，蘊含著一種奇異的生命的光彩，一種震撼人心的人格的力量，一種難以企及的攝魂奪魄的崇高的詩美，在整個「五四」以來的新詩中都是極為奇特、獨樹一幟的。

　　綠原曾以「熾熱，純青，肅穆，高潔」，來概括他的詩風。我覺得這八個字，未嘗不可以做馮雪峰人格的論定。

　　在穿越了幾十個年輪之後，像發出聖潔美麗光澤的雪山一樣，馮雪峰以特有的人格魅力、生命光華和精神感召力，仍然磁石般地吸引著晚輩，其人性的和詩性的異彩，依然輝耀著願意追隨他的足跡前行的後來者。

　　馮雪峰既是人文社歷史與傳統的一個象徵，也是引領這個已經走過五十五個春秋的老社、大社邁向未來的一面精神旗幟。

　　誦其詩，讀其文，想其人，有如歷盡艱苦卓絕的攀登之後，終於抵達最高的山峰，「偉大的不屈者的美姿」（馮雪峰〈靈山歌〉），驀然在眼前展開：

　　　　終於達到了這樣的審美
　　　　美中最美的姿影
　　　　永遠美光奕奕的生命

這樣深藏
這樣幽含
是融合在眾美中的一個獨立的
雄偉的身姿
一座奇異的山
一座不屈的山
一座多麼誘人的山
所以萃聚著一切大地之精的秀氣
我懂得了一切山川的秀麗的由來
一個悲哀和一個聖跡
然而一個號召，和一個標記！

馮雪峰木刻像（顏仲作）

　　這既不是馮雪峰的詩，更不是我
的詩，而是我集的他的若干詩句。置
於文末，以表達對他無限的欽慕、追
思和緬懷。

2005年5月22日寫於

北京朝內大街166號北窗下

2006年9月9日改定

聶紺弩

——「我將狂笑我將哭」

對歷史上人文社的神往，主要與「人物」有關。那是馮雪峰的「人文」，是林辰、蔣路、張友鸞、孟超、舒蕪、牛漢的「人文」，也是聶紺弩的「人文」。

聶紺弩在我的心中，是既不同於馮雪峰，又不同於林辰、蔣路、牛漢等前輩的另一種人物，精彩而有魅力。1984年底到人文社工作後，便極仰慕，然而，無由親炙。假若說和聶紺弩還算是有那麼一點點「緣分」的話，那是因為他1986年駕鶴西歸之後，第一本紀念他的書《聶紺弩還活著》，1990年12月由人文社出版的時候，我做過編輯工作。

端人文社的「飯碗」，於我頗有一點偶然，開始也就沒覺得，這「碗」究竟有什麼不同尋常。但到了後來，馮雪峰做過社長、總編輯的「人文」，聶紺弩工作過的「人文」，確實是真正感動了我，激勵了我，甚至喚起了一種「自豪感」、「崇高感」和「神聖感」。

1949年6月，聶紺弩和樓適夷從香港進京，參加全國第一次文代會。會議結束時來了通知，讓他倆第二天上午8點，到北京飯店某房間去，一位中央首長要召見他們。

中央首長召見，弄得樓適夷好不緊張，還不到點，就起床做準備。之後，又一次次上聶紺弩的房間去，看他醒了沒有。眼看召見的時間快到了，聶紺弩還在酣睡。急得樓適夷只好掀開他的被窩，硬拉他起床。

聶紺弩睜開眼，頗不高興地說：「要去，你就去，我還得睡呢！」樓適夷說：「不是約好8點嗎？」他卻說：「我不管那一套，你一個人先去吧。」

樓適夷只好一個人去見那位中央首長，還再三為聶紺弩做解釋，說他過一會兒就到。首長和樓適夷談的是給他分配工作的事。大約一個小時，他的工作就安排完了。起身告辭時，聶紺弩仍然不見蹤影。

剛剛受命擔任人文社社長兼總編輯的馮雪峰，上任後的第一件事，就

聶紺弩像（丁聰繪）

是到處延攬人才。他想到了遠在香港的
聶紺弩，就和樓適夷談起此事，說：

「紺弩這個人桀驁不馴，人家嫌他
吊兒郎當，誰也不要，我要！」

1951年3月，馮雪峰把聶紺弩從香
港《文匯報》調進了新成立的人文社，
還安排他擔任了副總編輯，兼二編室
（古代文學編輯室）主任。

「我是個失學的小學生，僥幸到莫
斯科走了一趟……又僥幸到過日本……
更僥幸在文壇混了幾十年，混了個空
頭文學家。」這是聶紺弩致友人信中
的話。他1903年1月28日出生於湖北京
山，念過兩年私塾，後上小學，畢業就
輟學了。

聶紺弩和周穎結婚照
（1929年攝於南京）

他十七歲離開家鄉，開始在社會上
闖蕩。到馬來西亞當過小學教員，到緬
甸做過報紙編輯，進過黃埔軍校，參加
過國民革命軍的「東征」，留學莫斯科
中山大學，當過國民黨中央宣傳部總幹
事和中央通訊社副主任，編過《中華日
報》副刊《動向》、「左聯」雜誌《海
燕》，以及很有影響的雜文刊物《野

草》，去過延安，到過新四軍中，做過香港《文匯報》主筆。恐怕在中國現代文學家當中，像他這樣閱歷豐富的人，是少有的。

他寫一手好文章，是個很出色的雜文家。舒蕪說他的雜文，寫得「汪洋恣肆」。夏衍甚至認為，他是「魯迅以後雜文寫得最好的」。

他的雜文，思路開闊，不拘一格，縱意揮灑，涉筆成趣，點石成金，筆墨多姿多彩。四十年代寫於桂林的〈韓康的藥店〉、〈兔先生的發言〉、〈論申公豹〉等作品，都曾是在大後方的讀者中傳誦一時的名文。

聶紺弩進入人文社之後，這個初創期的國家文學出版社，在中國古典文學圖書的編輯出版方面，便有了一個很稱職的核心人物。在他的周圍，聚集起了一批高水準的專家，像舒蕪、陳邇冬、顧學頡、王利器等，本來就是在大學中文系教古典文學的教授。而且，由於有了他，古典文學編輯室才「形成了一種非常特殊的氣氛」（舒蕪語）。

那時，東四頭條胡同4號文化部東院，有五幢兩層小樓，前邊三幢是人文社的辦公地。第三幢小樓一層一個較大的房間，既是聶紺弩的臥室，又是他的辦公室、接待室，還是他的餐廳和遊藝室。顧學頡回憶說，「屋裏除了床、桌椅、書櫃之外，到處都堆放著書籍、報刊、稿件等，煙缸裏堆滿了半截煙頭，桌上放著沒來得及拿走的碗筷盤碟之類，有時還擺著一盤未下完的殘棋。」

習慣於夜裏看稿、寫作的聶紺弩，太陽已經很高了，往往仍未起床。別人都已上班多時，只見他穿著一襲睡衣，趿拉著拖鞋，立在廊下，滿嘴白沫，慢慢悠悠地刷牙漱口。然後，又趿拉著拖鞋，衣冠不整地踱進編輯室。別的房間的人，都聞聲而至。他和大家一起東拉西

扯，聊了起來，也講笑話，也說工作，國家大事，馬路新聞，天南地北，海闊天空，談笑風生，無所不及。

舒蕪說，聶紺弩「往往正事交代完了還坐在那裏，一聊就好長時間，什麼都聊，思想也交流了，工作問題也解決了」。他這種被舒蕪稱為「寬鬆自由」的領導作風，後來被批評為「閒談亂走」、「言不及義」、「一團和氣」。古典文學編輯室同仁對聶紺弩的「相當擁護」和「佩服」，也被指責是搞「獨立王國」。因為付給在工作時間校注《李白詩選》、《紅樓夢》、《屈原集》的舒蕪、張友鸞和文懷沙等幾位編輯稿酬，又被說成是「關門辦社，打夥求財」。

一天早晨，要去上級機關聽報告，都快出發了，聶紺弩仍然高臥不起。樓適夷衝進去拉他起來。他睜開惺忪的睡眼，問：

「誰做報告？」

樓適夷告訴他，是 ××。

他一晃腦袋，「他嗎？讓他聽聽我的報告還差不多，我去聽他？還不是那一套！」說完，繼續睡他的覺。

早在1938年9月，周恩來介紹他去皖南新四軍軍部工作時，他就因經常夜裏在油燈下看書、備課、編稿、寫作，早晨起得遲，不能按時出早操，引起副軍長項英的不滿，說他「吊兒郎當，有文化人的臭習氣」，還在會上不點名地批評過他。

周恩來說聶紺弩是「大自由主義者」。夏衍說他是「徹底的自由主義」。他則自認為是「民主個人主義」。

驚世駭俗的聶紺弩，以及由聶紺弩這種人物造成的獨特的精神氛圍、人文環境，或許是那時人文社最具魅力的所在。如今置身於有一

條叫「效益」的狗老是在後邊拼命攆著你的「職場」，當年那種特殊的氛圍和環境，也許是最令我們這些後生晚輩所不勝神往的吧。

在聶紺弩的主持下，古典文學編輯室的工作，有條不紊地開展了起來。1953年，為配合世界和平理事會建議的世界名人紀念活動，編輯出版了線裝本《楚辭集注》。1954年，編輯整理了《琵琶記》，以「文學古籍刊行社」的副牌出版。

從1953年起，陸續編輯出版了《三國演義》、《水滸傳》、《紅樓夢》、《西遊記》等中國四大古典文學名著的新校注本。在出版史上，中國古典白話小說加注解，是由此開始的。

這一開創性的嘗試，引起了社會很大關注。《水滸傳》出版後，《人民日報》專門發表短評，表示祝賀。聶紺弩應邀到京、津、滬、寧、杭等地，做〈《水滸》是一部怎樣的小說？〉的學術報告，多達五十多場。

聶紺弩著散文集《關於知識份子》，（上海）潮鋒出版社1948年9月出版。版權頁注明：「中華民國廿十年付排因國難遭損未印」，「中華民國三十七年重排九月初版」。

顧學頡認為，聶紺弩所主持的人文社古典文學編輯室的工作，「奠定了解放後中國古典文學出版事業的基礎」。

1955年7月，「肅反運動」開始，正在江西出差的聶紺弩，被緊急召回北京，「隔離審查」十個月之久。由於介紹他參加「左聯」的胡風已被定為「反革命分子」，介紹他入黨的吳奚如已被定為「叛徒」，加上他個人複雜的歷史經歷和社會關係等原因，他被認為「有嚴重的政治歷史問題」。

直到1957年2月，才對他做出結論和處理，說他「長期以來，在政治上搖搖晃晃，思想上極端自由主義，生活上吊兒郎當，對組織紀律極端漠視，毫無原則和立場，以致在政治上敵我不分……」給予留黨察看二年處分，撤銷副總編輯職務。

在隨後開始的「反右派」運動中，他又被列為「右派骨幹分子」，被看做是「二編室右派小集團進攻肅反的旗幟」。1958年1月11日，人文社整風領導小組〈對右派分子聶紺弩的處理結

聶紺弩（右）與黃源（左）、彭柏山1939年攝於皖南新四軍軍部駐地湯村

聶紺弩和女兒海燕（攝於50年代）

論〉所列他的「主要反動言行」是：在整風中兩次幫周穎修改發言稿，「攻擊、污蔑黨的肅反政策」；同張友鸞、金滿成等右派分子時有來往，「向他們煽風點火」；還認為「胡風不逮捕也可以打垮」；反右派鬥爭開始後，仍繼續攻擊黨說：「磕頭求人家提意見，提了又說反黨、反社會主義⋯⋯這近乎騙人，人家不講一定要講，講了又大整。」

這個「處理結論」還寫道，聶紺弩「一貫不老實，開始完全否認其反黨言行，直至其他右派分子交代後才被迫承認，但至今尚在抵賴，詭辯，拒不簽字，毫無悔改誠意」。

某日，人文社開會批判「右派分子」。等聶紺弩到的時候，人都來齊了，坐了滿滿一屋子。他走進會場，一看，「分子」們灰頭土臉地擠坐在一起，被稱為人文社「右派分子」「青天」的馮雪峰，也在其中，他的身邊，正好還有個空兒。

於是，他不緊不慢地踱過去，抬起手，指了指：「噢，這個位置是我的。」說罷，坦然坐了下來。

1958年7月，已年過五旬的聶紺弩，被遣送到黑龍江虎林縣境內的北大荒密山農墾局850農場4分場勞改墾區勞動改造。種地，伐木，放牛，牧馬，推磨，搓繩，挑水，清廁，什麼活他都幹過。他的手抄本詩集《北大荒吟草》，成了他和他的「右派」難友們勞動改造的一部極為珍貴的「詩史」。

他寫搓草繩：「一雙兩好纏綿久，萬轉千回繾綣多」；寫挑水：「一擔乾坤肩上下，雙懸日月臂東西」；寫推磨：「把壞心思磨粉碎，到新天地作環遊」；寫清廁：「高低深淺兩雙手，香臭稠稀一把瓢」；寫拾穗：「一丘田有幾遺穗，五合米需千折腰」；寫鋸木：

「四手一心同一鋸，你拉我扯去還
來」；寫脱坯：「看我一匡天下土，與
君九合塞邊泥」……平常的日復一日的
艱辛勞動，在他的筆下，全都化作了
詩，無不新意迭出、詩意盎然，詼諧而
又有趣。

他的詩〈柬周婆〉，是寫給夫人周
穎的，以詩代信，向她報告自己的勞改
生活狀況：

聶紺弩著《蛇與塔》，「野
草叢書之五」，（桂林）文
獻出版社1942年3月出版

　　龍江打水虎林樵，
　　龍虎風雲一擔挑。
　　邈矣雙飛梁上燕，
　　蒼然一樹雪中蕉。
　　大風背草穿荒徑，
　　細雨推車上小橋。
　　老始風流君莫笑，
　　好詩端在夕陽鍬。

在這裏，勞動的苦辛被詩化了；
他的「蒼然」和「風流」，也寫得神
態畢現。

聶紺弩北大荒難友丁聰繪
〈老頭上工圖〉

冬天，聶紺弩燒炕，不慎失火，以「反革命縱火罪」被捕，關進虎林監獄，久拖不審。消息傳到北京，夏衍找到周恩來，説：「紺弩這人，不聽話，胡説些話，都有可能，但放火是絕對不可能的。」

周穎親往虎林監獄探視，促成了審訊結案，判刑一年。因關押已經很久，周穎回京後，聶紺弩即被釋放出獄。他又賦詩一首〈周婆來探後回京〉，寄給夫人：「行李一肩強自挑，日光如水水如刀。請看天上九頭鳥，化作田間三腳貓。此後定難窗再鐵，何時重以鵲為橋？攜將冰雪回京去，老了十年為探牢。」

1960年冬，聶紺弩結束了流放生涯，返回北京。不知為什麼，沒回人文社，而是去了全國政協，做了文史資料委員會的文史專員這樣一個閒職。

有一天，李健生（章伯鈞夫人）和女兒章詒和，在位於北京展覽館的莫斯科餐廳吃飯，碰巧遇到聶紺弩，就關切地問起他的工作情況。聶答曰：

「眼下的工作單位好極了！」

李健生問：「好在哪兒？」

聶說道：「我都和孤家寡人（指溥儀──筆者）在一起了，你說這個單位還不好？」

他這個在北大荒放過牛的「摘帽右派」，自號「牛四倌」；還起了個別號：「散宜生」，取「『無用（散）終天年』（適宜於生存）、『無用之用，實為大用』（苟活偷生的大用）」之意；又號「半壁街人」。他請顧學頡刻了一枚章，是「垂老蕭郎」四個字。

他練書法，臨字帖，臨摹王羲之的《蘭亭序》，工楷抄《杜陵集》。西直門半壁街家中的牆上，掛滿了他書寫的字幅。馮雪峰送他的一幅岳飛〈滿江紅〉詞碑文拓片，高高掛在客廳裏，兩邊是前人所書的對聯：「青山不厭千杯酒，白日惟消一局棋。」

他看書，喝酒，找朋友下棋，閒聊，吃館子，與友人吟詩，贈答酬唱，研究中國古代小說。生活毫無規律，晝夜不分，有時啥也不幹，整天呼呼大睡，有時深夜挑燈伏案，寫到東方發白。

他過著的，似乎是一種「優哉遊哉，聊以卒歲」的散淡的日子。在給黃苗子的和詩中，他寫道：「枯對半天無鳥事，湊齊四角且橋牌」；「男兒足跡當天下，萬里襟期愧不才」；「自摸伸手此頭在，未報彼蒼涓與埃」……

滿腹經綸的聶紺弩，賦閒在家，毫無用武之地，一肚皮的不合時宜。胸中的鬱積和塊壘，心裏的酸楚和憤懣，只能在詩中排遣、傾吐與宣洩出來。

他的書房的齋額上寫著：「三紅金水之齋」，為黃苗子所書。（「三」是《三國》，「紅」是《紅樓》，「金」是《金瓶梅》，「水」是《水滸》──筆者注）「文革」初起的一天，幾個「紅衛兵」突然闖進了聶家。他們指著「三紅金水之齋」，問：這是什麼意思？

聶紺弩不慌不忙地作答：「思想紅、路線紅、生活紅，這是『三紅』。『金』指小紅書封面上的字。『水』是『旗手』姓的邊旁，因為尊敬，所以不直接寫出來。」說得「紅衛兵」們啞口無言，可他們還是裝腔作勢地喝道：「你是什麼人？你也配！」說完，咔嚓咔嚓，把這幅字給撕掉了。

不幸的是，他的「此後定難窗再鐵」的詩句，只是一廂情願的天真願望而已。1967年1月25日深夜，他以「反革命罪」被逮捕，罪名是「誣衊無產階級司令部」，「攻擊毛主席」，「污辱林彪、江青」。先後關押於北京、山西等地，飽受了近十年之久的鐵窗縲絏之苦。最終在友人朱靜芳等的救助下，才

1976年11月2日聶紺弩（後排右二）出獄回京，與到車站迎接他的周穎（前排中）、駱賓基（前排右一）、戴浩（後排右二）等人合影。

混在一群被特赦釋放的國民黨戰犯裏，於1976年11月2日，回到闊別了十年的北京。

1979年9月，聶紺弩受聘擔任人文社顧問。這一年，中共中央下發了關於給「右派分子」「改正」的文件。他的朋友戴浩拿著這個文件的複印件，興沖沖來到他家。周穎接過來先看，邊讀邊説：「有了這個文件，事情就好辦了，咱們的問題都能解決。」她讓紺弩也看看。

他根本不看，還帶著冷笑説：「見到幾張紙，就欣喜若狂；等改正的時候，你們該要感激涕零了吧！」

聶紺弩有一句名言：「你們這些沒劃右派的，可恥！」

1985年6月8日，下午4點，胡風辭世。聶紺弩於兩天之內，寫就七律一首，哀悼老友。24日《人民日報》刊發時，題為〈悼胡風〉。詩云：「精神界人非驕子，淪落坎坷以憂死。千萬字文萬首詩，得問世者能有幾！死無青蠅為吊客，屍藏太平冰箱裏。心胸肝膽齊堅冰，從此天風呼不起。昨夢君立海邊山，蒼蒼者天茫茫水。」

夜闌人靜時分，我常常從床頭書櫃裡，拿出聶紺弩的詩集來誦讀，每每深折於詩人的逸思奇想、縱意揮灑、遙情遠旨、妙語驚人：

「文章信口雌黃易，思想鏤心坦白難。」何等深刻！
「佶京俅貫江山裏，超霸二公可少乎！」何等犀利！
「丈夫白死花崗石，天下蒼生風馬牛。」何等沉痛！
「英雄巨像千尊少，皇帝新衣半件多。」何等精闢！
「刀頭獵色人寒膽，虎口談兵鬼聳肩。」何等感慨！
「無端狂笑無端哭，三十萬言三十年。」何等悲涼！

「男兒臉刻黃金印，一笑心輕白虎堂。」何等氣概！

「天寒歲暮歸何處，湧血成詩噴土牆。」何等血性！

「死無青蠅為弔客，屍藏太平冰箱裏。」何等哀憤！

　　他的舊體詩，自成一格，被稱為「聶體」。或以為他的詩是以大白話入詩的十足的打油，或以為他擅用新典、俗典，或以為他長於化醜為美、化腐朽為神奇，或以為他的詩寓莊於諧，或以為他是寄沉痛於悠閒。程千帆說他的詩「滑稽亦自偉」。羅孚則認為，他的詩是「嚴肅的打油」，「奇思妙想的打油」，是「沉痛的悠閒」，「貌似悠閒的沉痛」。

　　四十年代在桂林，聶紺弩愛穿一套陳舊的西裝。有時候，他也穿黃呢子軍裝。冬天，不知從哪兒弄來一件日本軍用大衣，披著，頭戴一頂周圍垮了邊的呢子帽。

　　走在路上，一副旁若無人的樣子。身材瘦長，背微駝，眼睛不大，但目光銳利，裏邊又藏著幾許狡黠，嘴角總有一絲嘲弄的意味，臉上時而露出玩世不恭的神情。

　　他嗜煙。也嗜酒，時常使酒罵座。好打牌。愛下棋，象棋、圍棋都愛下，跳棋也下。早年去日本時，有一次他和周穎的幾個女友下跳棋，她們一起七嘴八舌地對付他，結果他輸了棋。不料聶紺弩氣急敗壞，連棋帶盤，全都扣到了人家的頭上。

　　據說，他的圍棋棋藝，只是小學生水平而已，但對下圍棋，卻像吸毒一樣上癮。

1979年5月，北大荒勞改時的難友
黨沛家偕全家來看望他。他骨瘦如柴，
懶懶地斜靠在床上，讓黨沛家從地上拿
了三冊他的油印的詩集《三草》，然後
夾進去四十元錢，說：「家裏地方小，
也做不出好吃的來，你帶著妻子、孩
子們上飯店去吃上一頓，算是我請他
們。」隨後又問：「『文革』的業餘時
間，你都做些什麼？」黨沛家說：「做
家務、帶孩子、看小說、下圍棋。」

聶紺弩聽了，一躍而起，拉著他，
不由分說，就下起圍棋來。

他這一生，不知有多少時間，用在
了下圍棋上。下棋下得他神魂顛倒。不
管時間多晚，他不下贏最後一盤棋，是
絕不肯甘休的。一天夜裏，他去住在東
城魏家胡同的朋友金滿成家下棋，為了
贏最後一盤棋，錯過了末班車，他只好
徒步從東城走回西城的西直門半壁街。

他還好美食。以他為核心的人文
社古編室同事的「文酒之會」，北京有
名的飯店餐館，如東觀音寺街的益康食
堂、西單的好好食堂、前門外的全聚

1938年聶紺弩（中左二）與丁玲
（後）、蕭紅（中右二）、田
間（中左一）、端木蕻良（中右
一）、塞克（前）攝於西安。

德、後門橋的馬凱食堂，等等，都吃遍了。誰得了稿酬，誰就做東請客，已成了一條不成文的規矩。

一次，聶紺弩和張友鸞都收到了稿費，大家就去馬凱食堂吃飯。開始也沒說到底誰請客。到了飯館門口，聶紺弩一邊先往裏走，一邊回頭說：

「誰做東，張老吧？」

「那還用問嗎？誰第一個進來的？『先入為主』嘛。」一貫妙語連珠的張友鸞，馬上脫口而出。

聶紺弩哈哈大笑，無言以對。

四十年代末，有一回在香港的大街上，樓適夷和聶紺弩走了個碰頭。聶紺弩一把拉住樓適夷，進了平時樓適夷不大敢上門的一家外國招牌的高級咖啡廳，要了咖啡和西點。兩個人正親親熱熱地喝著、吃著、聊著，聶紺弩忽然站起來，說：

「好，我走了，你付錢。」頭也不回，揚長而去。

原以為是聶紺弩請客開洋葷，自己樂不得好好享受一次的樓適夷，只好硬著頭皮，把剛從報社領來、準備買米的薪水，傾囊拿出付了，暗自苦笑著，歎了口氣：「紺弩嘛，你有什麼辦法呢？」

四十多年後，聶紺弩仍念念不忘當年在桂林老正興吃過的煎糟魚和鹹菜炒百葉。晚年臥病在床，一個朋友從遠方來探望，他寒暄之後，便像往常一樣閉目不語。這個朋友告辭的時候，他突然開口道：「帶點吃的東西來。」這一回，他想吃的是，南京板鴨和香港的糟白鹹魚。

還有一次，他和張友鸞，去看望在家養病的顧學頡。顧學頡的夫人下班回來，想留他們吃晚飯，但一看家裏沒什麼菜，就說出去吃西

餐吧，有一家西餐廳，每份不過三元左右。聶紺弩對她說：

「不用去了，你給我們每人發三塊錢好了！」

說者一本正經，一點也不笑；聽者卻大笑不止。

漫長的監獄生活，嚴重地戕害了他的身心。〈代周婆答〉詩有云：「十載寒窗鐵屋居，歸來舉足要人扶。」起初，偶或還能下床走動，後來，每天只能呆在一張挨著窗戶的床上，背後墊幾床棉被，斜倚著，膝蓋上放一塊木板，手指間夾著一支煙，仍讀寫不輟。

他的才氣縱橫、獨出機杼的舊體詩，在朋友和讀者中廣為流布，贏得一片驚歎與讚美。他的舊體詩集《北荒草》、《贈答草》、《南山草》，以油印小冊子的形式在親友間流傳，大受歡迎。喜歡的人，皆以能得到一冊為幸。

對此，聶紺弩只是笑笑而已。他說：「我未學詩，並無師承，對別人的詩也看不懂（不知什麼是好，好到什麼程度。又什麼是不好，又到什麼程度）。做

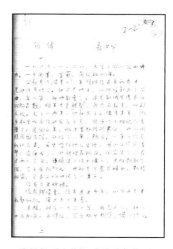

聶紺弩《自傳》手稿（年代不詳，似寫於50年代中期）。

做詩，不過因為已經做過幾首了，隨便做得玩玩。以為舊詩適合於表達某種感情，二十餘年來，我恰有此種感情，故發而為詩；詩有時自己形成，不用我做。如斯而已。哪裡會好？而好又好到哪裡去？」

在給朋友的信中又說：「我何嘗學詩？何嘗懂詩？……我輩做詩，旨在自娛，非想爬入詩史，比肩李杜，則好不好，何必關心？我寫我詩，我行我素，胸懷如此，詩境自佳。」

當然，他也表示「希望得到讚賞」，自稱油印成冊送人，「意在求人推許」。他覺得「詩境自佳」與「最自喜的」，是什麼典故都沒用的那些聯句，如：「高材見汝膽齊落，矮樹逢人肩互摩。」（〈伐木贈李錦波〉）「口中白字捎三二，頭上黃毛辮一雙。」（〈女乘務員〉）「誰家旅店無開水，何處山林不野豬？」（〈董超薛霸〉）

胡喬木主動提出給他的《散宜生詩》作序，還專程到他家登門拜訪。第二天，他就給牛漢打電話，告訴他

1985年樓適夷看望終日靠在床上的聶紺弩

此事，說：「牛漢啊，我要大禍臨頭了！」五十年代，胡喬木曾把馮雪峰的文章送給毛澤東看，結果馮雪峰挨了整。聶紺弩這回可能是覺得，自己也怕是被胡喬木盯上了吧。

有一回，牛漢去看望他，他正在床上，仰面朝天地躺著。牛漢對他說：

「你是個可愛的大詩人。」

他卻對著天花板，大聲喊叫道：

「我算什麼東西！」

聶紺弩的〈自遣〉詩有句云：「自笑餘生吃遺產，聊齋水滸又紅樓。」1981年1月，他出版了《中國古典小說論集》。他的研究《紅樓夢》的系列文章，如〈論探春〉、〈論小紅〉等篇，多精警之論，為很多人所激賞。

他去世前一年元宵節的前三天（1985.3.3.），郁風、黃苗子夫婦和吳祖光，一同來探訪他。郁風看到他雖整日臥病在床，但依然讀寫不廢，就隨手拿過一張紙，為他勾畫了一幅像，遂吟道：「冷眼對窗看世界。」黃苗子馬上對曰：「熱腸倚枕寫文章。」夫婦倆湊成了一聯。

聶紺弩看了一眼，回過頭來，笑了。

這一年下半年，他的身體狀況越來越糟：腿部肌肉日漸萎縮，發展到手臂也不聽使喚，一條腿已經不能伸直，直至自己一點也動彈不得，連腦袋從枕頭上抬起來的力氣都沒有了。每天只能靜靜地躺在床上，一動不動，像一段乾朽的木頭一樣。

他拒絕住院，最後，連吃藥也拒絕了。11月10日，在紙上歪歪扭扭、模糊不清地寫下〈雪峰十年忌〉詩二首，遂成絕筆。

1986年3月26日，下午4點25分，形銷骨立的聶紺弩，終於走完了他的人生旅程，溘然長逝於北京協和醫院。人們向他遺體告別時發現，安臥在靈床上的聶紺弩，一條腿，依然捲曲著。

　　據說，3月26日這一天，他對守候在床邊的周穎說：「我很苦，想吃一個蜜橘。」

　　周穎剝了一個蜜橘給他。他一瓣一瓣地把蜜橘全吃了下去，連核兒都沒吐。吃完後，他說：「很甜，很甜。」接著，就睡著了，睡得又香又沉，再也沒醒過來。

　　詩人艾青說，聶紺弩的死，是仙逝。

　　有人稱聶紺弩為「才子」，也有人說他是典型的「文人氣質」，還有人以為他是「名士派作風」。胡風說他「不能令，又不受命」。馮雪峰說他「兒童似的天真，也兒童似的狡猾」。黃苗子認為，寫出了「我將狂笑我將哭，哭始欣然笑慘然」、「渾身瘦骨終殘骨，滿面傷痕雜淚痕」、「窮途痛哭知何故，絕塞生還遂偶然」等等詩句的聶紺弩，是熱與冷、愛和恨、入世與出世、執著與超脫的怪異混合。

　　在我看來，他的率真，他的狂狷，他的豪放，他的特立獨行，他的憤世嫉俗，他的傲視群倫、鄙夷一切，他的才華絕代、出類拔萃，他的時而「金剛怒目」、時而「菩薩低眉」，是「人文」人物中一道已經漸漸遠去、恐怕再也不會重現的、絢爛而別致的風景。

　　章詒和說，聶紺弩「敢想、敢怒、敢罵、敢笑、敢哭，」「他的精神和情感始終關注著國家、社會，」「他對腐朽、污穢、庸俗的事物，有著超乎常人的敏感與憤怒」。他的詩，豈不正是他的歌笑悲哭？

在現代中國，魯迅那種「樂則大笑，悲則大叫，憤則大罵」的境界，罕有企及者，聶紺弩庶幾近之。

讀聶紺弩的詩，最能從中體味我行我素、放誕飄逸、蔑視禮俗、笑傲人生的魏晉文人風度，也自然使人聯想起「志氣宏放，傲然獨得，任性不羈」的阮籍，「剛腸疾惡，輕肆直言，遇事便發」的嵇康，想起阮籍的「窮途之哭」，嵇康的「臨刑彈琴」……

聶紺弩和夫人周穎

嵇康擅長作文，阮籍以詩取勝。劉勰說：「嵇康師心以遣論，阮籍使氣以命詩。」師心使氣的聶紺弩，揮筆寫下的，是卓偉綺麗的不朽詩篇。

1993年1月8日，「聶紺弩誕辰九十周年座談會」在西郊萬壽寺中國現代文學館舉行。吳祖光、邵燕祥、楊憲益、丁聰、周而復、尹瘦石、林辰、牛漢、舒蕪、公劉、王利器、周紹良、戴文葆、羅孚、周海嬰等好友親朋，都來了。

牆上，掛著一幅聶紺弩和夫人周穎的合影。聶紺弩咧著嘴笑著，眼睛裏流

露出幾許狡黠。望著照片裏酷似一個喜歡惡作劇的老頑童的聶紺弩，不禁想起了鍾敬文〈懷聶紺弩〉中的詩句：「憐君地獄都遊遍，成就人間一鬼才」。

屋裏，眾人深情地憶述著、懷想著、評說著已進入另一個世界的聶紺弩。屋外，晶瑩、潔白的雪花，從灰濛濛的天上，紛紛揚揚地飄落下來，靜悄悄地蓋在衰草枯枝上。

會散了。走在荒涼破敗的廢園裏，天地間白茫茫一片。

我突然悟到：聶紺弩的獨具一格、別開生面的「雜文詩」，聶紺弩的文采風流，聶紺弩的精神深度，聶紺弩的人格境界，已近乎絕唱矣。

2005年6月22日於朝內大街166號北窗下
2006年7月20日改定

林辰

——恂恂儒者

1982年在北師大讀研究生的時候，曾聆聽過林辰先生的講演。二十多年過去了，只要一回想起來，當時的情景，就立刻栩栩如生地重現在眼前。

我們那一屆碩士研究生是1982年2月入學的，9月至第二年1月，教育部委託師大中文系辦了一個現代文學教師進修班，導師李何林、楊占升先生邀請林辰、唐弢、王瑤、牛漢、曹辛之、郭預衡、樊駿、嚴家炎、朱正、劉再復等專家學者，做了幾十次專題講演。我和學長康林、學姐張立慧，以及比我們晚些時候入校的博士生王富仁、金宏達，幸運地與來自全國各地的進修班學員一起聽課。

12月28號上午，在魯迅研究界有口皆碑、道德文章為人稱道的林辰先生，來師大主樓西南側的平房教室講學。聽說林先生到了，我們的目光馬上都轉向門口：慢慢踱進教室裏來的，是一位個子不高、有些黑瘦、穿著一身中山裝的老人。

楊先生向大家做了介紹之後，林先生並無多少客套，即開始講課。他講的題目，是〈關於周作人問題〉。

開講後，才發現，帶著濃重的貴州口音的林先生，不但沒帶講稿，甚至手裏沒拿一張卡片、一個紙條。他，人顯得質樸、謙遜，課講得從容、自信。何年何月何日，發生了何種大事，哪年哪月哪天，周作人發表了什麼文章，包括周作人那首名噪一時的〈五十自壽詩〉，林先生全是憑藉記憶，準確無誤地向我們講述、誦讀的。

越聽，越是感慨不已。望著講臺上侃侃而談的林先生，心裏歎道：這才是名副其實的「博聞強記」啊！聽講者好幾次情不自禁地拍起手來。

講著講著，有幾個人突然回頭往後看，我也轉過頭去，看到一個戴呢氊帽的、滿臉皺紋的老人，擠平了鼻子，趴在玻璃窗上朝教室裏望。

「噢，鍾先生！」有人叫了一聲。

窗外的鍾敬文先生見是林先生在講課，好像是說了聲「噢，是你呀！」就

林辰（前）出席魯迅博物館建館四十周年紀念會（1996年）

在朝內166號與前輩魂靈相遇

快步轉到前邊，走進教室，找個座位坐了下來。

林先生笑著說：「有鍾先生在這聽，我都不敢講了。」看來他們是老朋友。

林先生講到〈五十自壽詩〉的時候，鍾先生還就其中一句詩「閒來隨分種胡麻」如何詮釋插話，於是，兩位先生你一言我一語地對起話來。頓時，課堂氣氛更活躍、更熱烈了。

那天，林先生講得非常精彩。他說，周作人的散文，寫得平淡、自然、閒適，完全是一派士大夫情調。而他的雜文，則體現了周作人「浮躁凌厲」的一面。他談到，段祺瑞執政府槍殺徒手請願學生的「三一八慘案」發生後，周氏兄弟都寫了文章，周作人的讓人哀痛，魯迅的則令人憤慨。他還說，周作人認為文學不是革命的，所以他提倡小品文，在當時是有消極影響的。他還強調，周氏的〈閉戶讀書論〉一文，裏邊是有不平的，用了一些反語，不能只從正面來解讀。

林先生的這些看法，以及他的講演，給我留下了歲月難以消磨的深刻印象。

1984年畢業後，正巧分配到林先生所在的人民文學出版社現代文學編輯室，自忖這回可以有機會親承謦欬、多多請益了。但沒想到，他剛剛於這一年2月退休。這消息，使我悵然良久。

記不清哪一年哪一天了，林先生有事到社裏來，終於我又見到了他。一位老同事把我介紹給林先生，我快步上前，握住他的手，向他問好，內心充滿敬意和溫暖。看上去，林先生更蒼老了一些，但精神尚好。他用貴州話說的「培元同志」，語音極有特點，異常親切，至今言猶在耳。

他和我沒有過多交談，只是簡單地問了一些情況。而我，也並未提起聽過他講演的往事。從那之後，似乎是有好幾年，再也沒見到我所尊敬的林先生。

後來才瞭解到，林先生1912年6月3日出生於貴州郎岱（今六枝）的一個沒落的地主家庭。他原名「王繼宣」，後改為「王詩農」。「林辰」是他最常用，也是人們最熟知的他的筆名。他在家鄉讀過私塾，又上小學、中學。1929年在貴陽師範學校畢業後，與同學結伴離開故鄉，徒步走了半個月，到了重慶，又乘船前往南京、上海。

1931年夏天，考入復旦大學中文系，但因未能籌措到學費，而被拒之門外。他只得發奮自學，刻苦讀書。1932年9月，他曾由於閱讀進步刊物被國民黨逮捕，以「危害民國」罪判刑五年，囚禁於蘇州陸軍軍人監獄，1934年因病保釋出獄。

從1936年起，他在貴陽等地做中學教師。四十年代，在川貴大後方教書

林辰小傳手稿（1953年4月）

的林先生，就懷著對魯迅的崇敬之情，開始了異常艱難的魯迅研究。那時，他「常年流轉在一些小縣城和偏僻鄉鎮，生活困苦，書籍缺乏，手邊只有魯迅著作的幾種單行本。常常要步行二三十里到附近較大城市去借閱《魯迅全集》……」

1948年林辰（抱小孩者）與范用、劉川等人攝於魯迅墓前

就在如此不利的條件下，他先後寫出了〈魯迅與韓愈——就教於郭沫若先生〉、〈魯迅赴陝始末〉、〈魯迅曾入光復會之考證〉、〈魯迅歸國的年代問題〉、〈魯迅對三一八慘案的抗爭〉等一批有影響的文章。1948年7月，他的研究專著《魯迅事蹟考》結集出版，學術界好評如潮。

孫伏園在序言中，高度讚賞了林先生用樸學功夫、漢學方法進行的魯迅研究，稱書中「無論解決問題的方法，排列材料的方法，辨別材料真偽的方法，都是極細密謹嚴的」。令人驚歎的是，他當年研究考證的結論，後來均被陸續披露的《魯迅日記》等大量材料所證實。孫伏園認為，掌握了這樣極細密

謹嚴的研究方法的林辰，是最有可能寫出有價值的魯迅傳記的一位學人，對他寄予了厚望。

實際上，林先生早就默默地開始了《魯迅傳》的寫作，到1948年底已寫完八章。五十年代初，他在重慶大學、西南師範學院等高校擔任教職，繁忙的教務使他未能繼續完成其餘章節。1951年3月馮雪峰出面，把時任西南師院中文系主任的林先生，調入上海魯迅著作編刊社。同年7月，林先生隨魯迅著作編刊社遷往北京，併入剛組建不久的人民文學出版社，成為魯迅著作編輯室的一個普通編輯。

從此，林先生全力以赴地獻身於魯迅著作的編輯出版事業。但遺憾的是，直到病逝，他都沒能寫完《魯迅傳》。

2004年5月，福建人民出版社出版了林先生未完成的《魯迅傳》。林先生曾說：「研究一個偉大人物，有些人往往只從他的學問、道德、事業等大處上著眼，而輕輕放過了他的較為隱晦，較為細微的許多地方，這顯然不是正確的方法。因為在研究上，一篇峨冠博帶的文章，有時會不及幾行書信、半頁日記的重要；慷慨悲歌，也許反不如燈前絮語，更足以顯示一個人的真面目、真精神。因此，我們在知道了魯迅先生在思想、文藝、民族解放事業上的種種大功業之外，還須研究其他素不為人注意的一些事蹟。必須這樣，然後才能從人的魯迅的身上去作具體深入的瞭解。」

這些話，凝結著他研究魯迅的真知灼見，也正是他寫《魯迅傳》的一個自覺的、明確的追求。

在這部只有八章（其中第六章又遺失了）的魯迅傳記中，林先生竭力回到魯迅本身，從「人的魯迅」出發，從魯迅的經歷、思想、學術

和創作出發，努力真實、客觀、準確地描述魯迅、理解魯迅。他還注意到了魯迅「豪邁和風趣」的性格，「放恣倔強」的個性，「寫得十分美麗近於詩的文字」，以及「寂寞」的「心境」與「蒼涼的情懷」。他力圖做到「於細微處見精神」，力求寫出偉大而又平凡的「人的魯迅」。

　　在談到魯迅與魏晉的關係時，林先生指出：魯迅「對魏晉文學，研究最精；所作文言，風格極近魏晉；在書法上也帶著濃重的魏晉碑刻的筆意」。這種在深厚學養的基礎上提出的獨到見解，豈是後來多如過江之鯽的某些魯迅研究者能夠說出來的？

　　正如朱正所說，林辰先生寫作此書的時候，《魯迅日記》還沒有出版，像周作人的《魯迅的故家》、馮雪峰的《回憶魯迅》等重要的傳記資料，都還沒有寫出來，除了一部1938年版的《魯迅全集》之外，他幾乎就再也沒有別的憑仗了。可以看出，林先生是盡力搜求相關資料，並且充分

林辰著《魯迅傳》，封面設計劉彥之，福建人民出版社2004年5月出版。

利用了這些材料的。「在那樣十分有限的資料條件之下能做出這樣的成績，更表現出了作者過人的史才。假如他後來能夠依據大量很容易得到的資料修訂補充舊稿，並且把它寫完，這將是魯迅傳記中的一部傑作。」

上個世紀三十年代出版的二十卷本《魯迅全集》，五十年代出版的十卷本《魯迅全集》和八十年代出版的十六卷本《魯迅全集》，被譽為魯迅著作出版史上的「三座豐碑」。林先生在人文社工作了五十多年，主要從事魯迅著作的校勘、注釋、編輯、出版工作。他不但參與了十卷本和十六卷本《魯迅全集》的編輯出版工作，而且是其中不可替代的「核心人物」。他把自己一生最寶貴的年華和時光，都默默無聞地奉獻給了關係到中國現代思想文化建設百年大計的魯迅著作的編輯出版事業。

翻開這兩個版本的《魯迅全集》，我總覺得一字一行、每頁每篇，都滲透著林先生點點滴滴的血汗和寶貴的生命的汁液。

50年代人文社出版的十卷本《魯迅全集》第1卷，為羊皮燙金特精裝。

從上海到了北京以後，林先生一有時間就去訪書，往東安市場和琉璃廠跑，逛書攤，進書店，買舊書。他幾十年如一日，節衣縮食，千方百計地搜尋、求購，終於集腋成裘，收藏了千餘冊線裝古籍圖書，以及「五四」以來的新文學作家的各種珍貴著作版本、新文學期刊數千冊。其中，周氏兄弟作品的初版本，多得驚人。

參加過1981年版《魯迅全集》編注工作的老編輯，回首當年往事時曾談到：每次開會逐條討論注釋文字時，只有得到認真嚴謹、字斟句酌的林先生的首肯，主持人才宣佈進入下一條。如果誰遇到了解決不了的難題，往往去向博學多識的林先生請教，而且馬上就會迎刃而解。

大家常常慨歎：「林老真是個書庫！」

七十年代，人文社在計畫編輯十六卷本《魯迅全集》的時候，就已經打算把一直未能整理出版的魯迅輯錄的古籍，列入計畫，儘早編輯出版。但這項繁難的工作，絕不是一般人能夠勝任的。這時候，林先生剛剛結束了勞動改造生涯，從湖北咸寧向陽湖五七幹校回到北京。他認為，北京大學的王瑤先生，是最合適的人選。林先生和現編室的陳早春等人，專程前往北大，懇請王瑤先生出山。

對於這一請求，王瑤先生一點商量餘地都沒有，便謝絕了。他說：「我不是合適人選，真正合適的人選，就在身邊。」他叨著煙斗，笑微微地把目光轉向林先生，繼續說道：

「幹這行，你是首選，我不合適。國內暫時沒有第二人合適。」

就這樣，林先生踢出去的球，又回到了自己腳下。年過花甲的他，只好迎難而上，親自擔綱，開始日復一日地跑魯迅博物館和北京圖書館，查閱大量的相關資料。

枯坐在現編室北側的辦公室裏，看稿，讀書，到了有點孤寂的時候，一想起這些，內心就充滿了感動。林先生雖然退休了，但我似乎覺得，他的影子無時不在、無處不在，他的精神仍籠蓋著我們，激勵和召喚著我們：學習他的楷範，投身於民族文化建設和文學出版事業。

八九十年代之交，一場苦悶、頹唐和感傷的濁浪，鋪天蓋地席捲而來，幾乎將我吞沒。在久久無法自拔的掙扎中，不知為什麼，忽然想起了退休多年的林先生。

啊，他一定也和我一樣，早已感到孤寂了吧？於是，想立即去看望他。

初夏的一天，帶上林先生的專著《魯迅述林》，騎著自行車，來到東中街42號，敲響了他家的門。來開門的林先生，依然是一身深灰色的中山裝，雖然他衣著仍很整潔，但行動卻遲緩多了，而且愈加消瘦和衰老。他所住的，是很普通的居室，逼仄局促。傢俱極簡單，甚至可以說過於簡陋。

林辰著《魯迅述林》，人民文學出版社1986年6月出版。

看到我吃驚的神情，他搖了搖頭，無奈地說，家裏地方太小了，很多書都放在箱子中，堆在另一間屋裏。我真不敢相信：為魯迅著作的編輯出版做出了巨大貢獻，聞名海內外的著名魯迅研究專家林辰先生，就住在這樣一間陋室之中！

後來，有一年，社裏在農光里買了房子，聽說分給林先生一套，但那是個「工」字型的樓，三間房一陽兩陰，朝陽的一間，也難得照到陽光。林先生只好失望地說：「不去了，這裏雖小，有陽光。」

木刻《林辰之家》，劉平之作於1944年7月。當時，林辰主要靠教書的微薄薪金維持生活，又常失業，一家五口，流離轉徙，經濟極為拮据。

對我的來訪，林先生略感意外，而又很歡欣。他請我在方桌旁的竹椅上坐下，和我閒聊起來。他特意問我社裏情況如何。我說起某些現象，並明確表達了不滿。他聽後並未講話，只是搖頭歎息。

告辭前，我呈上帶來的《魯迅述林》，懇請林先生簽名留念。他提筆在內封左側，豎著寫了三行字：「此書疏陋，唯有關古籍者數篇，或有可供參考之處，祈培元同志正之。林辰 九二年六月」。

　　博覽群書、博聞強記的林先生，曾謙遜地稱自己的文章為「瓦礫一撮」，他真是一位恂恂儒者啊！

　　林先生的這本《魯迅述林》，雖只薄薄一冊，但卻十分耐人品讀。他對資料佔有之詳盡，考證之精審，推理之嚴密，結論之精當，行文之簡潔，不能不令人五體投地地佩服。可以說，他的文章，是現代考據的典範。

　　後來，又去拜訪過林先生幾次。我感到，他的生活是清苦的，精神頗為寂寞。每一次去，都給他帶來了短暫的慰安和快意。與林先生的親近、交談，也沖淡了內心深處的苦痛和憂傷，使我慢慢擺脫了揮之不去的精神暗影。

　　九十年代迭起的商潮，也曾波及到社裏，引得人心有點躁動不寧。但是，一想到博學而恬淡的林先生，整日與書稿相伴的我，心便漸漸沉靜下來。

　　經歷了中年喪妻、老年喪子之痛的林先生，那時的身體，已經很差。從1990年4月起，就經常頭暈目眩，醫生

《魯迅輯錄古籍叢編》，林辰、王永昌編校，封面設計李吉慶，人民文學出版社1999年7月出版。

囑咐他少用腦、少看書，然而，他每天
都要堅持做魯迅從1909年即開始輯錄
的古籍著作的編校工作。

後來，他的視力下降得越發厲害，
幾近失明，但仍然借助放大鏡，逐字逐
行，逐頁逐篇，孜孜矻矻地校閱。

1999年7月，這套凝聚著林先生心
血的四卷本《魯迅輯錄古籍叢編》，終
於面世。為此，他幾乎花去了大半生精
力，直到生命的最後時分。

林辰把節衣縮食、省吃儉用而搜購
的五千多種、七千多冊藏書，全部
捐給了魯迅博物館。這是他所捐贈
圖書的一部分。

沒想到2000年後，林先生竟一病
不起，晝夜臥床昏睡。不久，便無法進
食，唯靠鼻飼。

2003年春，為魯迅著作的編輯、
出版，辛苦、勞累了大半生的林先
生，溘然長逝於那個勞動者節日的濃
黑的夜晚。

由於正是「非典」肆虐期間，連一
紙訃告也沒有。除家屬子女之外，送葬
者僅有四人而已。

2003年5月5日那一天，在女兒芝
蓀撕心裂肺的慟哭聲中，林先生化作雲
煙，飄向別一個世界……

嗚呼，林辰先生，願您的在天之靈，安息！

2005年7月24日於朝內大街166號北窗下

2006年1月8日改定

蔣路

——編輯行的聖徒

李澤厚的《中國近代思想史論》和《美的歷程》，還有盧那察爾斯基的《論文學》，是我在北師大讀研究生的時候，喜歡看的幾本理論著作。

後一本雖是翻譯著作，但文字如行雲流水，絲毫看不出譯者的筆墨痕跡。作者既有思想和激情，又有文采，譯者把他的明快、雄辯、優美的文風，十分有力而又充分地表達了出來。這讓人在佩服作者的大手筆之餘，對譯者的出色譯文，也歎賞不已。

書中有些詞語和句子，熟稔到已經能夠背誦。如「蕭索時期的天才」；如「笑有時暴露和刺傷人，可是有時也能安撫人，使他對沉重的噩夢似的現實加以容忍」；又如「（陀思妥也夫斯基的所有中篇和長篇小說）都是一道傾瀉他的親身感受的火熱的河流。這是他的靈魂奧秘的連續的獨白。這是披肝瀝膽的熱烈的渴望」。

還記得，「靈魂奧秘的連續的獨白」，後來還被上海的一位同行，借用來作為一個重要概念，對郁達夫小說進行了卓有成效的研究。可見，盧那察爾斯基的這本《論文學》，在當時的影響有多麼大。

因此，譯者的名字——蔣路，也被我牢牢地記在了心裏。很久以後，才知道，有的翻譯家在剛剛起步的時候，是把蔣譯盧那察爾斯基《論文學》作為「學習的範本」的。

1984年4月的《光明日報》，刊登了〈「我雖然少翻譯一兩本書，讀者卻得到了更多的書」——記人民文學出版社編審蔣路〉的人物通訊。讀後才知道，翻譯盧那察爾斯基的《論文學》的蔣路先生，原來是人文社的編審。

滿臉笑意的蔣路（蔣路之子蔣艾攝）

早在上個世紀四五十年代，他就已經是知名的翻譯家和俄羅斯文學研究專家了。他翻譯的車爾尼雪夫斯基的《怎麼辦？——新人的故事》、屠格涅夫的《文學回憶錄》、盧那察爾斯基的《論俄羅斯古典作家》，與孫瑋合譯的布羅

茨基主編的三卷本《俄國文學史》，與
夫人凌芝合譯的《巴納耶娃回憶錄》，
都獲得了文學翻譯界的稱賞，譯文品
質堪稱一流。他為上述譯本撰寫的序
言和後記，因較高的學術含量，在學
術界也產生了一定的影響，令人對他
刮目相看。

1944年桂林俄文專修學校師生合影
（後排右一蔣路、左一伍孟昌）。

　　然而，他並沒有因為自己在俄羅斯
文學翻譯方面達到的較高水準，以及在
俄羅斯文學研究上所取得的學術成就，
而輕視和厭棄無名無利、瑣細平常的文
學編輯工作。他把一生絕大部分時間和
精力，都傾注到了「為他人作嫁衣裳」
的平凡而崇高的編輯出版事業中。他的
精審細心，他的異乎尋常的嚴格，他的
極端負責的工作態度和作風，是聞名遐
邇、有口皆碑的，贏得了社內同事、社
外同行的廣泛尊敬和由衷讚譽。

　　當有人為蔣路先生全身心地投入編
輯工作，因此影響了自己的翻譯事業感
到遺憾時，他說：「我雖然少翻譯一兩
本書，讀者卻得到了更多的書。」

看了這篇通訊，不由得你不感歎：蔣路的精神境界、學術造詣和翻譯水準，都如此之高、如此之深，真是一般人所難以企及的啊！

那一年年底畢業，我就分配到了人文社，蔣路當時還沒退休，但他在外國文學編輯室工作，由於部門不同，所以無緣立即與他相識、親近，並向他求教。

某日，和我同時畢業分到人文社外編室工作的L，指著一個拎著個口袋、急急忙忙趕路的人，告訴我，那就是大名鼎鼎的蔣路先生。只見蔣路先生行色匆匆、步履矯健，轉瞬間就遠去了，連他長得到底什麼樣，也沒看清。

不久，忘記了是在什麼場合，有幸再次見到了蔣路先生。他身材不高，著一身中山裝，結實，精幹，衣服乾淨俐落，鬚髮修理得特別整潔，閃動在眼鏡片後面的，是一雙漾溢著微微笑意的眼睛。

我告訴他：「您翻譯的盧那察爾斯基的《論文學》，我們在學校時真喜歡讀啊！」他略感意外，似乎是半信半疑地問道：「是嗎？」臉上仍是笑吟吟的，溫文爾雅，謙和，誠樸。就這樣，我結識了心儀已久、欽仰已久的蔣路先生。對他的瞭解，也越來越多。

蔣路先生是專家學者型編輯，凡是和他合作、共事過的人，無論是社外的著譯者，還是社內的編輯，對他的敬業、博學、謹嚴、精審，沒有不心悅誠服的。

楊周翰主編的《歐洲文學史》的作者們，看了蔣路先生加工過的書稿，感動得說不出話來：整部書稿都被改得密密麻麻，所有史實和細節都已核實訂正過，結構欠合理之處得到重新調整，有的段落幾乎是重寫的。他們據此認為，蔣路先生做的已不止是編輯工作，而且參

與了寫作，應請他正式署名。這一合
乎情理的要求，卻被蔣路先生斷然謝
絕了。

　　五十年代，人文社擬出版車爾尼雪
夫斯基《生活與美學》的舊譯本，此書
是周揚根據英譯本轉譯的，這次重出，
他主動提出請蔣路先生據俄文本校訂一
遍。這項工作比自己翻譯，還要繁難得
多。《生活與美學》是英譯本的書名，
蔣路先生校訂時恢復了原來的書名《藝
術與現實的審美關係》。譯文周揚看後
很滿意，把蔣路先生作為譯者寫到了他
的名字後邊，卻被蔣路先生毫不猶豫
地勾掉了。周揚看校樣時，又在譯後
記裏提到他的名字，仍被蔣路先生一
筆劃掉。

1954年春，蔣路（左三）與伍孟昌
（左四）、許磊然（左六）、劉遼
逸（右一）、孫繩武（左一）、文
潔若（右三）等人文社同事合影。

　　類似的例子，還有曹靖華主編的
《俄國文學史》、朱光潛翻譯的《歌德
談話錄》。

　　《巴爾扎克全集》的責任編輯夏
瑉，剛接手這套三十卷的大書時，心裏
沒有底，怕搞砸了，於是，想請蔣路先
生做復審。因為，一般人發現不了的問

題，他能發現；別人可能放過的小毛病，在他那兒通不過。由他來做復審，這套大書的質量，就有了可靠的保證。

蔣路先生在復審過程中對夏瑁的「指點和啟發」，讓她感到「終身受益無窮」。他讓責編先起草方案，從總體規劃、分卷篇目、圖書規格、編譯體例，到譯者隊伍的組建，都要寫出書面意見，然後組織了兩次專題會議進行討論。「全集」全到什麼程度，零配件（如序文、年表、題解、勒口、插圖等）的安排和要求，各種專有名詞按何種標準統一，阿拉伯數字的使用範圍，注釋的格式，標點符號的用法，異體字和外文字的處理，乃至街道名稱用音譯還是意譯，都做了詳細的研究，從而確保了書稿的質量。夏瑁說，研究蔣路先生在復審中提出的問題，是一種「最好的學習方式」。

對於年輕編輯所編的書稿，包括正文、前言、後記、注釋以至標點符號，蔣路先生總是從頭到尾幾乎逐頁加以審核和修改，其耐心細緻可同任何語文教師相比。他審稿的時候，從不用紅筆或其他有色墨水筆，從不在原稿上畫槓打×，而是用淡色細芯鉛筆，在疑難或不妥處打上問號，或者把修改意見寫在草率、訛舛或文理不通的字句旁，讓責任編輯自己斟酌處理。

與蔣路先生相識、共事四十年的綠原先生，對蔣路先生的高風亮節和真才實學非常佩服。他說：「蔣路的知識水平和文字工力，是目前一般寫作者望塵莫及的。」

其實，蔣路先生並沒有太高的學歷，也沒上過什麼名牌大學。他是在家鄉廣西全州安和鄉讀的小學，在縣城讀的初中，1935年考入長沙明德中學高中部，後因抗戰爆發，沒能完成學業。1938年8月，他

曾入設在關中的陝北公學分校學習。後因患瘧疾，1939年6月未能奔赴敵後，前往華北聯大工作，而於10月返回了桂林。三十年代末、四十年代初，他進入桂林中蘇文化協會所辦的俄文專修學校，用兩年時間學完三年的課程，畢業考試全校第一。

他在俄文翻譯、學術研究和編輯業務上所取得的成就，是和他夙興夜寐的鑽研、不辭劬勞的努力、年深月久的累積，分不開的。

蔣路在東中街寓所全神貫注地伏案工作，兒子蔣艾悄悄地為父親拍下了這張照片（1984年）。

外編室的老同事還記得，七十年代末、八十年代初，身為編輯室負責人的蔣路先生，就在出版社四樓最西頭那間既狹小又不安靜、夏曬冬寒的412室辦公。每天早晨，別人一到班上就會發現，蔣路先生早已坐在辦公桌前，啃著燒餅，邊開始看稿子了。

每天夜幕降臨後，人去樓空。只有412室的燈光依然亮著，久久不熄。

他經常為了書稿中的一則典故，或者一條注釋，帶一瓶水，幾片麵包，從他所住的東郊十里鋪，跑到城西的國家圖書館去，一待就是一天。

我與蔣路先生不在一個編輯室，彼此亦無工作業務上的聯繫，不會經常見到他，但總盼著能有接近他的機會。只要看到他，我都會設法上前和他說幾句話。他始終是笑微微的，令你親切、溫暖，如沐春風。不知為什麼，作為晚輩，在他面前，我始終懷有一種敬畏之感。

我覺得，蔣路先生最突出、最典型地體現了「人文之魂」，堪稱編輯行的聖徒——他身上有一種內在的非凡的宗教精神，有一種獻身於一項神聖的事業而不惜犧牲自己的理想主義和英雄主義氣質。正是這種與眾不同的精神氣質，令人肅然起敬。

他1990年7月惠贈的第二次重新校訂的車爾尼雪夫斯基《怎麼辦？——新人的故事》，1998年6月惠贈的他的研究專著《俄國文史漫筆》，我視如無價之寶，珍藏起來。他在扉頁上的簽名，一筆一畫，工工整整，可謂是字如其人。

由《怎麼辦？——新人的故事》可以看到，他是如何以嚴肅認真、精益求

蔣路著《俄國文史漫筆》，封面設計曹春，東方出版社1997年1月出版。

精的態度對待翻譯工作的。而《俄國文
史漫筆》，則集中反映出他作為一個俄
羅斯文學編輯、譯者和研究者，對於俄
國歷史、文化和文學的研究所達到的深
度和廣度。

　　他在這本書的〈前言〉中説，俄國
文史是一個廣闊的領域，方家學者無暇
顧及而又值得採掘的題材甚多。他著意
尋求一些「新的選題和切入點」，不避
捨本逐末之譏，將手頭積累的資料和自
己的一得之見，加以歸納抉剔，敷演成
篇，以求闡明俄國文史的若干側面或片
斷。僅從以下例舉的一些題目，如〈混
血作家〉、〈評論家的失誤〉、〈非
婚生作家及其他〉、〈出版業和稿酬
制〉、〈修道院〉、〈西伯利亞流行史
話〉、〈第三局和舒瓦洛夫〉、〈哥薩
克〉等等，就可以看出蔣路先生對俄羅
斯文史領域涉獵之廣、研究之深了。

　　牛漢先生對《俄國文史漫筆》倍加
讚賞，説此書「文筆簡約雋永」，「堪
稱是一本品位很高具有真知灼見的學術
著作」，「浸透了作者的心血和人生感

蔣路去矣，《俄文百科大辭典》仍靜
靜地立在書櫃裏……

悟」，「每一篇從題旨到內容都強烈地引起讀者心靈的震顫」，「顯示出一個個深遠而莊嚴的學術境域，既有歷史的不朽魅力，又有逼人深思的現實感」，「飽含著真誠的醒人警世的人文精神」。

很早的時候，蔣路先生就對俄羅斯的社會、歷史、文化及文學產生了濃厚的興趣，注意搜集、積累這方面的資料。他的書櫃裏，擺放著一部美國俄裔作家庫尼的《俄羅斯：最後來到的巨人》。這部生動、有趣的俄羅斯歷史著作，是他四十年代就閱讀過的。新中國成立初期，他曾以幾乎一個月的薪水，購買了從上海原法租界俄僑俱樂部裏流散出來的二十二卷本的《俄文百科大辭典》。這是一套沙俄時代自由派知識份子編輯的，彙集了俄國文化、宗教、制度、司法等方方面面的知識的非常珍貴的大型資料性工具書，成了他從事翻譯和研究工作的重要參考資料。

由於蔣路先生所達到的專業水準和學術造詣，《中國大百科全書·外國文學卷》曾聘請他擔任編寫和審定工作。這標誌著學術界對他的學術水平和研究實力的認可。

此外，人文社編輯出版的幾套有影響的大型叢書，如「外國文學名著叢書」、「外國古典文藝理論叢書」、「馬克思主義文藝理論叢書」，以及六卷本的勃蘭兌斯著《十九世紀文學主潮》等，都無不凝結著蔣路先生的心血、汗水和勞作。

1990年春，蔣路先生在七十歲壽辰的那一天，收到了外編室十五位同事簽名的一張生日賀卡，上面寫道：「是您使我們懂得了出版工作的意義，是您教我們懂得了編輯的責任。」

　　曾在人文社外文資料室工作的史佳，對蔣路先生的勤奮、認真、溫和、謙和、嚴謹、謹慎，印象非常之深。

　　她對我說：蔣路先生是最常到資料室來借書的人，而且借的多是大部頭的工具書、多卷集的百科類辭書；他對外文資料室書庫裏的書如數家珍，對自己常用的書放在什麼位置、哪一排書架，更是瞭若指掌；每次來，都是自己搬梯子，爬上爬下，親自到書架上去找、去拿；而且，他來借書的時候又特別安靜，幾乎沒有什麼聲音，似乎怕打擾別人、驚動別人，給別人帶來不便；他特別愛惜書，翻書、查閱資料，都是小心翼翼的，借書、還書時，對書極在意，唯恐把書弄髒了、弄破了。

蔣路寫作《俄國文史漫筆》一書時自己裝訂的筆記本

　　史佳清楚地記得，直到2002年12月9日——蔣路先生去世前半個月，他還曾到外文資料室來借過書。

　　「桃李不言，下自成蹊。」在翻譯界，在人文社，有人稱把自己「引入譯苑」的蔣路先生為「良師益友」，有人因為在編輯工作中得益於蔣路先生的悉

2006年10月7日上午筆者前往十里堡拜訪蔣路夫人凌芝，她仍深深地沉浸在對丈夫的無限懷念之中，書房一如蔣路生前，沒有任何改變。她對我說：「像蔣路這樣不為名，也不為利的人，真是太少見了！」

心指導，而把他看做「提燈引路的老師」，還有人認為蔣路先生是真正的「君子」、「賢者」、「嚴師」和「畏友」，大家都對他懷著一種無限深厚的感念之情。

有人說，在人文社外編室半個世紀的歷史上，曾經有過一個難忘的「蔣路時代」，它是埋藏在許多人心底的一個「永遠的情結」。

蔣路先生逝世後，在人文社舉行的一次紀念座談會上，一位來自社外的翻譯家發言時泣不成聲。他說：蔣路先生的逝世，「意味著一個出版時代的結束」。

敬業、博學、謹嚴、精審的蔣路，令人欽佩、令人敬畏的蔣路先生，步履匆匆的蔣路先生，已然離我們遠去。

然而，那個令人難以忘懷、不勝神往的「蔣路時代」，真的一去也不復返了嗎？

2005年8月16日於朝內大街166號北窗下
2006年10月16日改定

牛漢

——「汗血詩人」

在北師大讀書時，聽過兩位著名詩人的演講，一位是「九葉派」的曹辛之（筆名「杭約赫」），另一位就是「七月派」的牛漢。

這兩位屬於兩個不同風格的重要詩派的詩人，給我留下了迥然不同的印象。曹先生是詩人，也是著名圖書裝幀設計家，臉頰上留下的歲月風霜，不掩其溫文爾雅、風流倜儻的瀟灑氣度。牛漢先生則身材高大，看上去，足有一米九，豪爽，率直，質樸，厚道，笑起來極天真，滿臉的燦爛，簡直就像個孩子。

他講的就是「七月派」。雖不像學者講課那樣理論化，但卻充滿了原生態的文學質感，生動，鮮活，豐富，把你一下子就帶回了文學歷史的「現場」。

很湊巧，我畢業工作後，幸運地成了牛漢的同事。那時，他是人文社《新文學史料》雜誌的主編，還擔任了《瞿秋白文集》（文學編）編選注釋小組的負責人。到出版社

不久，我即奉命從第二卷起做《瞿秋白文集》（文學編）的責任編輯，這樣就有了一個機會，和牛漢，以及《瞿秋白文集》（文學編）編注小組的張小鼎先生，一起到瞿秋白的家鄉常州去，參加「瞿秋白就義五十周年學術討論會」。那是1985年6月下旬。

會議在常州白蕩賓館舉行。我和牛漢住在二樓北側的一個房間。第一天睡前，他告訴我，過去曾被國民黨抓進監獄，由於被捕時奮力反抗，被軍警用槍托砸傷頭部，落下了腦外傷後遺症，深夜有可能突然驚醒，大聲喊叫，也可能離開房間，到外邊遊走。他叫我有個思想準備，別害怕。

不知為什麼，聽了他的話，並沒有恐懼不安。第一夜平靜地過去了，沒有發生任何異常情形。之後的幾夜，亦平安如斯。後來，從他所贈的詩集中，果然讀到了兩首〈夢遊〉詩，而且很長，有一百多行。

在常州的幾日，和他形影不離，住在一室，吃在一桌，開會在一塊，散步

牛漢攝於90年代

也在一起，很快熟悉起來。對其人生履歷、詩歌創作，也有了一個初步瞭解。

他本來叫「史承漢」，後改為「史成漢」。他用過的筆名，主要有「谷風」、「牛汀」。「牛漢」，是1948年在《泥土》雜誌發表詩作時第一次用，也是最常用的筆名，比「牛汀」更為人所知。牛，是他的母姓。

據說，他的遠祖忙兀特兒，是成吉思汗帳前的一員勇猛善戰的驍將。在和他接觸的過程中，你會分明感到，他的體內流淌著的，確乎是蒙古族強悍的野性的血液。

牛漢先生（中）、張小鼎先生（左）和筆者在常州白蕩賓館門前合影留念（1985年6月下旬）。

會議期間最愉快的，是第三天他帶領我「逃會」，去遊覽太湖。那天，有大部分時間，下著時大時小的雨，但我們倆豪興不減，攜傘乘車前往無錫。先坐一個鐘頭火車，再換乘汽車。

到達黿頭渚時，雨似乎稍小了一些。舉目望去，太湖煙波浩淼，迷迷濛濛，混混沌沌，湖天一色，雲水蒼茫。

幾乎沒有什麼遊客，我們一老一少，一高一矮，撐著傘，踩著細密的雨

腳，在太湖之濱暢遊。說話的聲音，好像一下子放大了許多倍，從嘴裏飄出去，回蕩於浩茫的天地之間，彷彿又傳回來，在自己的胸腔裏引起了共鳴似的。那種況味，真是終身難忘。

在返回的途中，還遊覽了小巧玲瓏的梅園。

回到無錫火車站，走進一家小餐館。客人不多，我們選了一張臨窗的桌子，要了當地風味的餛飩和小籠包子。牛漢付了錢，說他請客。我們一邊吃，一邊聊。窗外的雨聲，嘩啦嘩啦地響著，不絕於耳。

常州之行以後，漸漸地和牛漢成了忘年交，成了無話不談的朋友。他任職的《新文學史料》編輯部和我所在的現代文學編輯室，兩個部門時分時合，但常在一起開會，所以能經常見面。每次見到他，都要聊一會兒。只要出了詩集或散文集，他都會送給我。

他是著名詩人，從學生時代起，就投身反壓迫、反奴役、爭民主、爭自由的地下革命活動，具有光榮的履歷和令人欽仰的聲譽。但是，在接近他的過程中，覺得他更像個天真的老兒童。他很喜歡年輕人，沒有披戴「大師」的鎧甲和名人的面具。所以，我敬重他，親近他，喜歡他，也愛讀他的詩和散文。

1953年3月，他從部隊轉業，進入人文社現代部，在馮雪峰領導下工作，曾先後擔任過長篇小說《保衛延安》（杜鵬程著）、《上海的早晨》（周而復著）、《山鄉巨變》（周立波著）和《艾青詩選》、《十月的歌》（陳輝著）等書的責任編輯。1955年5月14日，在「胡風反革命集團」案中，他第一個遭到拘捕。兩天後，即5月16日晚，胡風在家中被拘捕。

這一天，是個週末。牛漢吃完午飯，去打排球。當他打完球，拿著衣服，剛剛走出球場，想去洗澡的時候，出版社的一個領導帶著兩個陌生人朝他走過來，說有事找他。

牛漢說：「有什麼事，等我回辦公室去一下，我的手錶、鋼筆和外面穿的衣服都還放在桌子上。」因為是午休時間，院子裏的人比較少，那兩個陌生人就說：「不用了。」

1954年牛漢被拘捕之前，與妻子吳平、女兒史佳、兒子史果攝於北京。

牛漢心想，總不能這樣，只穿一件背心，滿頭大汗，就去辦事吧。他說：「我得先洗一下吧，再穿一件衣服。」兩個人之中的一個說：「不用了，到時候會有的。」牛漢有點納悶，但又覺得，反正出版社的領導也在場，只好說：「好吧。」

他跟著那兩個人走出出版社，只見大門外停著一輛卡車，車上還站著五六個人。那兩個人把牛漢推進駕駛室，汽車馬上發動起來，駛離了人文社。

在城裏轉了幾個彎之後，汽車開進了一個院子，停了下來。牛漢認識這個

地方，這是社裏在北新橋新修的一個托兒所。大概由於是週末，又是中午，院子裏看不到一個人。

這時，那兩個人中的一個，拿出一張紙，讓牛漢在上面簽字。他一看紙上的字，大吃一驚，原來是一張公安部的拘捕證，上面有部長羅瑞卿的簽名。他不簽字，問道：

「你們憑什麼抓我？」

那個人説：「我們是奉命執行公務，你必須得簽字！」牛漢又説：「你們得説出理由來。」那個人説：「什麼理由？報紙上都已經登出來了。」

他不解地問：「登了什麼？」那個人有些不耐煩了，「你沒看見嗎，胡風反黨集團的材料？」他更加不解了，「胡風關我什麼事？」那個人説：「沒有事我們就不會來找你了。」

牛漢這才想到，昨天《人民日報》登了有關「胡風反黨集團」的第一批材料，出版社負責人王任叔社立即主持召開會議，對他進行了「幫助」，希望他能認識問題，與胡風劃清界限。不是説屬於人民內部矛盾嗎，怎麼一夜之間就發生了如此之大的變化，這麼快就開始抓人了哪？

他又問道：「拘捕我多長時間？」對方答不出，打電話請示了一位姓張的組長，組長説：「這是內部的事情，不要問了。」

牛漢追問道：「既然是內部的事情，為什麼還要拘捕？」

對方只好回答：「一個星期吧，一個星期之內沒有什麼問題，就放你回去。」 他認為自己無罪，仍然執意不肯在拘捕證上簽字。那兩個人也沒辦法，就把牛漢關在托兒所裏。

當天晚上，社裏的人帶著幾個公安部的人，對牛漢的家進行了搜查。他的妻子吳平，當時在鐵道部教育局作秘書，聽到公安人員宣佈丈夫已被拘捕，要進行搜查的時候，並不知道到底發生了什麼事情。但作為一個1946年和牛漢同時加入中國共產黨的黨員，出於對黨組織的信任，她什麼話也沒說，只是木然地坐在椅子裏，讓公安人員任意搜查。最後，所有的私人信件都被查抄出來，統統帶走了。

在托兒所關了一周後，牛漢想出去，但走到門口就被攔住了。於是，他只好在那裏繼續關下去。

1952年初，牛漢在瀋陽東北空軍直屬部隊文化學校擔任教務主任時，曾於2月3日給胡風寫過一封信，其中說過：「也許再過幾十年以後我想在中國才可以辦到人與人沒有矛盾；人的莊嚴與真實，才不受到損傷。……今天中國，人還是不尊重人的，人還是污損人的。人還是不尊敬一個勞動者，人還是不尊敬創造自己勞動。這是中國的恥辱。我氣憤得很。」

《人民日報》的編者按語不容辯駁地認為，這「即是說，要有幾十年時間，蔣介石王朝才有復辟的希望」。一下子就把青年時代便參加了共產黨、捨生忘死地投身革命、坐過國民黨監獄的牛漢，推倒了「蔣介石王朝」一邊，莫須有地誣陷他是「國民黨特務」。

11月，牛漢被轉移到頂銀胡同關押，單獨囚禁，不准讀書閱報。他早就患有的夢遊症，因此而加劇了。1957年5月，他被釋放回家，交給街道派出所看管。8月20日，公安部把他定為「胡風分子」。接著，社裏召開黨支部會議，宣佈開除他的黨籍。

牛漢在會上，聽完宣佈，只大聲說了七個字：「犧牲個人完成黨。」

馮雪峰和王任叔也參加了會議，但他們始終緘默，一言未發。

1957年8月14日，社長王任叔讓他下午到中國文聯禮堂，參加批判馮雪峰的會。他到場時，會場已坐滿了人。他找了個位子坐下來，低著頭，等著開會。在熙攘嘈雜的紛亂中，忽然聽見有人喊他的名字。他低著頭，不想答應。

可那喊聲很大，仍在「牛漢——牛漢——」地叫。

他只好抬起頭，循著聲音望過去，哦，原來是艾青！

艾青站在離他幾米遠的地方，直盯著他，問：「是牛漢嗎？」

他點了點頭。

艾青提高了聲音，關切地問：「你的事情完了嗎？」

他回答：「沒有完，算告一段落了。」

旁邊好多雙眼睛，驚異地審視著這兩個有「問題」的詩人。

想不到，正在承受著政治批判的巨大壓力的艾青，竟然站了起來，眼睛睜得又大又亮，不是朝著牛漢，而是面向眾人，幾乎是用一種控訴的語調，大聲說：

「你的問題告一段落，我的問題開始了！」

接著，他以朗誦詩的那種拖腔，高聲地喊道：

「時　間　開　始　了！」

誰都知道，這是胡風的一首著名的詩的題目。《時間開始了》出版時，是艾青親自為胡風的這本詩集設計的封面。

1958年2月，公安部做出結論，把牛漢定為「胡風反革命分子」，降級使用，仍在人文社作編輯工作。但此後發表文章只能用化名。不久，他又被派到社裏東郊平房農場勞動，主要是養豬。1960年調入社內新組建的編譯所。

「文革」一開始，牛漢即被關進「牛棚」。1969年9月，到湖北咸寧「向陽湖五七幹校」勞動改造。幹校的軍代表看他人高馬大，就讓他幹拉車運輸等最繁重、最疲累的勞役，像牛馬一樣使喚他。

牛漢到北京東四13條看望病中的艾青

兩三年之後，管制放鬆了，活兒也不那麼累了。他成天幽靈般地遊蕩在「幹校」附近日漸空茫的山林湖泊，咀嚼苦難，反芻人生。詩，突然從心中甦醒了。他有了寫詩的衝動。他這才感知，一個詩的世界，封存在、冷凍在自己的心裏，實在是太久了。

牛漢說：「面對著荒誕和罪惡，我和詩一起振奮和勇敢了起來。我變成了一隻衝出鐵籠的飛虎，詩正是搧動著的翅膀。」

後來，他一個人住一間屋，取名「汗血齋」，在雜記本上草草地記下了幾十首詩。在最沒有詩意的日子，在一個最沒有詩意的地點，詩如鐘錘一樣敲醒了他，提醒了他，他又開始寫詩。就在這「汗血齋」裏，誕生了他的一些最具代表性的詩篇。

綠原回憶道，「記得那時，他拉了一天裝載千斤以上的板車，或者扛了一天每袋一百多斤的稻穀，回來總要氣咻咻地告訴我，他今天又尋找了，或者發現了，或者捕捉了一首什麼樣什麼樣的詩。」

　　在暴雨將臨之時，牛漢聽到天空傳來鷹的叫聲，寫下了〈鷹的誕生〉：「風暴來臨的時刻，／讓我們打開門窗，／向蒼茫天地之間諦聽，／在雷鳴電閃的交響樂中，／可以聽見雛鷹激越而悠長的歌聲」；在動物園裏，他看見老虎籠中牆上的血淋淋的爪印，寫下了〈華南虎〉：「恍惚之中聽見一聲／石破天驚的咆哮，／有一個不羈的靈魂／掠過我的頭頂／騰空而去」；在村莊背後，他聽到孩子們揮著柴刀砍斫灌木，寫下了〈巨大的根塊〉：「灌木叢頑強的生命／在深深的地底下／凝聚成一個個巨大的根塊／比大樹的根／還要巨大／還要堅硬」；在山林中，他看到五六個獵人在獵捕一隻麂子，寫下了〈麂子〉：「遠方的麂子／你為什麼生得這麼靈巧美麗／你為什麼這麼天真無邪／你為什麼莽撞地離開高高的山林」……

　　他在〈悼念一棵楓樹〉中，寫在一個秋日的早晨，他聽見山坡上一棵最高大的楓樹被伐倒了，「家家的門窗和屋瓦／每棵樹，每棵草／每一朵野花／樹上的鳥，花上的蜂／湖邊停泊的小船／都顫顫地哆嗦起來……」楓樹飄散出的濃郁的清香，「落在人的心靈上／比秋雨還要陰冷」。他為以馮雪峰為代表的整個一代被迫害、被侮辱的知識份子，唱出了一曲迴腸盪氣、悲涼慷慨的悲歌。

　　牛漢說：「我的詩是從我的靈魂裏發出來的」；「如果沒有詩，在幹校那樣的環境下，我就活不下去了」。他的這些詩，寫得沉痛、激越、高亢，是詩人生命和人格的外化、對象化，是苦難的昇華和詩

化，有一種悲壯、崇高的詩美，散發出
震撼人心、淨化靈魂的藝術魅力。

　　1974年底，他終於獲准回京，先
在出版社資料室抄了兩年卡片。1977
年調入魯迅著作編輯室。1978年參加
《新文學史料》的籌備工作，1983年
起擔任這份在「新時期」文壇有很大影
響的大型雜誌的主編。

　　那時的政治氣候乍暖還寒，《新文
學史料》刊發的若干文章，涉及現代文
學史上一些比較敏感的人物、事件或者
話題，有時便會感到來自上邊的壓力，
甚至有人說這是「雪峰派」、「胡風
派」的雜誌。

　　有一次，上面還專門派了一個「調
研員」，到社裏對《新文學史料》審查
了兩天，想把這個雜誌停掉。不久，一
個社領導找牛漢談話，說《新文學史
料》「有方向性的問題」。牛漢毫不含
糊，針鋒相對地說：「你具體說說，到
底有什麼問題？」這個領導支支吾吾，
又說不出來。

1947年冬牛漢孤身一人在上海
流浪

有一陣兒，連社長韋君宜都覺得有些為難了，不想繼續辦《新文學史料》。她對牛漢委婉地說：「牛漢啊，可能上邊覺得辦起來太困難了、太複雜了一點，咱們是不是停了吧？」

　　牛漢理直氣壯地質問道：「《新文學史料》有什麼錯？大部分作家，包括丁玲、艾青都很支持，很歡迎，為什麼要停？」

　　事後，韋君宜對他歉疚地說：「牛漢啊，這不是我的意思，不是社裏的意思，是上邊的意思，我這個人太軟弱，我也沒有辦法！」

　　沒有牛漢幾次頂住壓力，沒有他的「毫不含糊」的倔脾氣，很可能《新文學史料》早就夭折了。後來，韋君宜告訴他：「胡喬木說過，拿牛漢這個人沒有辦法。」

　　在前輩詩人當中，給了從「朦朧詩」到「新生代」等一批批年輕詩人最有力支持與最熱情關懷的，是牛漢。北島、江河、顧城、芒克、林莽等朦朧詩人，與他都有著忘年之交。他認為，「這是一群很有見解，很固執，很堅定，很了不起的詩人」。北島早期的詩，他全部看過。《今天》雜誌第一、二期的原稿他也讀過。他是這份著名文學刊物的見證人。

　　他最欣賞北島。早在「文革」後期，他們的來往就開始了。北島親切地稱他「伯伯」。有一段時間，北島幾乎每週都到他家裏，和他談詩。

　　牛漢的詩歌創作生涯，與他參加革命的歷程幾乎同時起步。1938年冬，他秘密加入中共地下組織「三人小組」。三年多之後，就迎來了詩歌創作的第一個高潮，寫下了〈鄂爾多斯草原〉、〈九月的歌弦〉、〈走向山野〉等詩，〈長劍，留給我們〉還受到過著名詩人

聞一多的稱許。1946年因參加學運被
捕，在獄中創作了〈在牢獄〉、〈我
控訴上帝〉、〈我憎惡的聲音〉等詩。
1948年，詩集《彩色的生活》經胡風
修改整理後，列入「七月詩叢」第二
輯，因故拖到1951年初才由上海泥土
社出版。

牛漢的第一本詩集《彩色的生活》，列入胡風主編的「七月詩叢」第二輯，（上海）泥土社1951年1月出版

　　八十年代末在北京圖書館柏林寺分
館，我查到了這個小開本的舊詩集。記
得那是一個天色晦暗的下午，坐在濃蔭
匝地的閱覽室裏，默誦著長詩〈鄂爾多
斯草原〉：「……今天／我歌頌／綠色
的鄂爾多斯草原。／從我的歌聲裏／噴
出草原復活的笑／揚起新的生命力，／
我要讓這歌聲／揚得／更高，更響！」
胸中鼓蕩著詩人當年豪邁、火熱的青春
激情，眼睛不禁濕潤了。

　　牛漢是一位用生命擁抱生活、
擁抱詩的詩人。在他那裏，人和詩，
根本不能隨意分離、割裂開來，他說
過，「我與我的詩相依為命」，「同
體共生」。「當我寫詩的時候，常常
弄不清自己是人還是詩。」詩，就是

他的「第二生命」。人如其詩，詩如其人，對於牛漢來講，再也恰當不過了。

有一次，艾青問他：「牛漢，你說，你這許多年的最大的能耐是什麼？」

牛漢不假思索地回答：「能承受災難和痛苦，並且在災難和痛苦中做著遙遠的美夢。」

艾青知道牛漢的性格一向是很躁動的，他不止一次地提醒牛漢：「做人做詩要再樸素再深沉些。」

牛漢曾經為加拿大一位女詩人安妮・埃拜爾的這樣一行詩流下熱淚：「我是一個瘦骨嶙峋的女孩／有美麗的骨頭」。他說：「我的骨頭不僅美麗，而且很高尚」；「我的骨頭負擔著壓在我身上的全部苦難的重量」。甚至把骨頭和皮膚上心靈上的傷疤，稱為自己的「感覺器官」，「它們十分敏感而智慧，都有著異常堅定不泯的記憶」；「我只能用傷疤的敏感去感覺世界」，「沒有傷疤和痛苦也就沒有我的詩」。他還企望，自己和詩總是不歇地向夢遊中看見的美妙遠景奔跑，「直到像汗血馬那樣耗盡了汗血而死」……。

這，就是詩人牛漢，詩裏蒸騰著「汗血氣」、被稱為「汗血詩人」的牛漢！

八十年代以後，他的詩歌創作迎來了第二個高峰期。〈悼念一棵楓樹〉和〈華南虎〉發表後，引起關注。詩集《溫泉》1984年出版後獲獎。他的詩還被翻譯成英文、日文、德文、韓文，介紹到國外。九十年代的詩評界認為，牛漢是「當今創作力最為旺盛的代表性詩人」之一。

一個曾是他的詩友的著名政治抒情詩人對他說：「牛漢，你的詩裏的『我』，是『小我』，我的詩裏的『我』，是『大我』。」牛漢對他說：「你的『大我』空空洞洞，我的『小我』是有血有肉的。」當一首又一首清晰地刻著人格烙印的詩章，從筆底湧出的時候，他的生命和精神世界，也越發顯得質樸、純粹、聖潔而廣闊。

1940年牛漢在甘肅天水讀高中，正熱迷詩，已開始寫詩。

「詩在拯救我的同時，也找到了它自己的一個真身。」牛漢如是說。

在度過了戰亂、流亡、饑餓、迫害、囚禁之後，在經歷了種地、建房、養豬、拉車、宰牛的勞改歲月之後，在苦難的錘砧的擊打下，他的人與詩，都日益成熟起來，愈加沉實而美麗。然而，他心依然年輕，血還是那樣燥熱，骨頭仍舊那樣堅硬，生命力依舊粗悍、蠻野、飽滿。

他還是那個十八九歲就寫下長詩〈鄂爾多斯草原〉的抒情詩人，只是更加堅實、堅韌和深沉。

他的詩裏，有痛苦，有憤怒，有覺醒，有精神的追尋和魂靈的叩問，有深邃、崇高的境象與詩思，唯獨沒有絲毫奴隸哲學和庸人的氣息。他的文字，是拒絕庸俗、抵抗墮落、超越苦難、「不甘幻滅」的詩性記錄。

艾青曾對牛漢說：「你可真是一頭牛，有角的牛！」也許是因為看到牛漢詩中出現了一些桀驁不馴的帶有殺氣的意象，其中隱潛著的近似復仇的情緒，讓艾青感到了不安吧？

牛漢的確是一條真正的漢子，個性鮮明，脾氣倔強，極有血性。

1965年11月26日，在北京市第二中級人民法院（位於天安門南側舊棋盤街）審判胡風的大會上，他敢於公開為胡風辯誣。這次審判，通知他和綠原、徐放、謝韜、閻望、蘆甸等人，出庭作胡風「反革命罪行」的「見證人」。事前，高檢院的一個女幹部專門找他談話，和他打招呼，讓他實事求是地揭發、檢舉胡風，分給他的題目是「胡風是怎樣把我拉下水的」。

在法院的接待室裏，他見到了綠原等幾位友人，互相點了點頭，算是打過招呼，然後就各自呆坐著，等候被傳喚出庭「作證」。輪到牛漢了，他被一個法警帶進一個莊嚴肅穆的大廳裏，中間有室內籃球場那麼大，周圍是一層一層地高上去的座席。迎面一個人，孤零零地站立在中央，這只能是胡風。周揚、劉白羽、邵荃麟等文藝界的首腦人物，則端坐在座席上，有說有笑。

四周大海怒濤般的眼睛，幾乎要將他淹沒。他看到，胡風明顯消瘦了，赭紅色的臉，略有些發暗；身穿一件棕色中式棉襖，出奇的肥大，幾乎長及膝蓋，兩隻手一直不自然地攏在袖口裏，顯然是被銬著

的。胡風的這種形象，使他感到陌生和
異樣。

胡風側過臉來，看了他一眼，他
們有一瞬間的對視。胡風神情冷漠。這
種冷漠的神情，在被打成「右派分子」
以後的馮雪峰的臉上，牛漢也曾經看到
過。這冷漠裏，隱藏著強烈的自尊，還
有難以覺察的輕蔑。

1945年春牛漢在陝西城固西北大學
讀書時與吳平留影，兩個人正在熱
戀中。

他本來應當照著經過審定的發言稿
講，可到了最後，他又說道：「1953
年9月，胡風攻擊黨的領導，說他們對
文藝界的幾位領導偏聽偏信，這是胡風
唯一一次攻擊黨的言詞」。

主審者大聲質問道：「是唯一的
一次嗎？」他回答：「我只聽到這一
次。」主審者喝令他停止發言，並立即
退出法庭。

牛漢又是一個脾氣很執拗的人。

丁玲創辦、他擔任執行主編的大
型文學雜誌《中國》，被作協某些領導
強行停刊以後，一個作協的頭頭見到牛
漢，振振有詞地說，此事他也是不得
已。牛漢當即氣不打一處來，說：「我

不諒解！我不諒解！」當時，主持作協工作的是黨組書記唐達成，牛漢雖然也認為唐「人還是不錯的」，但是在《中國》停刊問題上，他表示對唐「不能原諒，我永遠不會原諒」。

1999年人文社評選「百年百種優秀中國文學圖書」，在一次初選會上，我發言說自己作「知青」時，讀過郭小川的〈致青年公民〉和〈向困難進軍〉，印象很深。牛漢馬上接著說道：

「說老實話，我不喜歡！他寫這些詩的時候，我們正在受難！」

他總是這樣，在表達意見和看法的時候，心裏想什麼嘴上就說什麼，直來直去，態度鮮明，聽者也覺得爽利、痛快。他絕不像我們這樣活得窩窩囊囊、唯唯諾諾、怯懦卑微，說話先要瞧著別人的臉色，想著對方喜不喜歡聽，聽了舒服不舒服，總想拐彎抹角、吞吞吐吐地把話說得圓融、圓通、圓滑。

在一個令人難忘的特殊時期，我曾陷入一場精神危機之中，極度頹唐、苦

這是牛漢與壽孝鶴編的雜誌《流火》第1集第1期，1945年3月出版於西安，八路軍駐西安辦事處看過稿子並提供資助。封面由牛漢設計，「流火」是何紹基的字，從西安碑林手拓。發刊詞〈人底道路〉為牛漢執筆。第2期剛編就，即被國民黨查禁。

悶、消沉。牛漢知道了,每次見到我,都關切地問我最近在幹什麼。我回答:「我在混……」

他馬上嚴肅起來,盯著我,認真地說:「我可不混!」

我立刻感到羞赧、愧疚,低下頭,不敢注視他的眼睛。我明白他是希望我振作起來,儘快擺脫這種精神狀態,努力讀書,寫文章,作研究,做有意義的事。十多年來,每當懈怠、疲懶、灰心的時候,便想起他的話語和目光,不禁添增了堅韌、振拔的勇氣和信念。

2003年9月11日上午,人文社在中國現代文學館舉行「馮雪峰誕辰一百周年紀念會」。牛漢上臺發言時,先是長長地歎了一口氣:「唉──」接著說:「雪峰這個人啊!」他沈默了一會,繼續講道,「雪峰最看重、最欣賞『詩人』這個稱號,他曾經說『詩人』、『詩人』,『詩』和『人』是血肉相連、不可分開的。雪峰自己,確實無愧於『詩人』這個稱號。我很尊重他,也很懷念他。」

他又回憶起「文革」坐「牛棚」時,和雪峰住在一個房間的情形,說雪峰的習慣是每天睡得很晚,都是過了12點才睡,所以,夜裏他們兩個人常常聊天。雪峰曾經談到毛澤東對魯迅的看法,認為毛實際上是反對魯迅精神的。那麼,毛為什麼在延安時把魯迅抬得那麼高,稱他是「現代中國的聖人」、「文化革命的旗手」呢?因為,毛當時需要一個眾望所歸的人物來團結國統區的作家、知識份子和文化人。這樣的人,只有魯迅。實際上,這不是對魯迅精神的認同,而是對魯迅的一種利用。

牛漢還提到,郭沫若五十年代初不是說過,魯迅如果現在還活著,也得好好學習,改造思想,然後,根據他的表現,分配工作嗎?

「庾信文章老更成，凌雲健筆意縱橫。」晚年，牛漢的詩和文章越寫越好，很多篇章我都特別喜歡。1999年10月，北京秋意漸深，我到十里鋪他的寓所去看望他。剛進門落座，就對他說，我特喜歡那首〈酷夏，一個人在北京自言自語〉。

沒料到他極興奮，轉過身去，從書架上順手取下一冊《牛漢詩選》，翻開，大聲讀起來：

2006年10月2日上午前往十里堡拜訪牛漢先生，他坐在書房的椅子上查找資料時，我按動快門，拍下了這張彌漫著他的個性氣息的照片。

> 北京城沒有自己的雲自己的雷
> 雲都是從遠方飄來的
> 雷究竟藏在哪一片雲裏
> 誰也無法知道
> 不信，你喊叫一聲雷
> 雷才不答理你呢
>
> 北京城自己不會下雨
> 雨是從遠方的雲帶來的
> 你以為當頭那一朵雲能變成雨
> 唉，那朵雲朝下面望望又飄走了

下不下雨我做不了主
打不打雷我做不了主
但是聽到遠遠的天邊有雷響雷動也痛快
望見遠遠的天邊有電光一明一滅
呆滯的眼神也會快活地明亮一下
雨下到別處也好
北京城至少能沾到一點涼氣

我也和他一起，放聲誦讀著。讀完，我們兩個人快意地相視，開懷大笑。

2005年10月5日
寫於朝內大街166號北窗下
2006年3月9日改定

舒蕪

——「碧空樓」中有「天問」

有一次，擔任《新文學史料》主編的牛漢先生，專程去拜訪舒蕪，我也隨同前往，有幸結識了他。我並不在《新文學史料》編輯部工作，又沒有組稿的任務，跟著去，純粹是出於好奇，只是想見見這位在中國現當代文學史、思想史上，曾一度大名鼎鼎的風雲人物。

舒蕪1979年秋調離人文社，到《中國社會科學》雜誌社工作，當時已經退休。他住的是皂君廟社科院宿舍的一套單元房，客廳的傢俱很簡單，而且很舊，但西牆上懸掛著的書齋名「碧空樓」，卻很顯眼，是程千帆先生所書，東牆上的一個條幅，則是在臺灣大學任教的臺靜農先生的墨寶，1948年書寫的陳子龍詩寄贈舒蕪的。詩云：

> 端居日夜望風雷，鬱鬱長雲掩不開。
> 青草自生揚子宅，黃金初謝郭隗台。

豹姿常隱何曾變，龍性能訓正可哀。

閉戶厭聞天下事，壯心猶得幾徘徊。

舒蕪請牛漢和我在沙發上落座，吩咐保姆沏上茶，自己就坐在南窗下書桌前的一把舊藤椅上。他們是老朋友，坐下來之後，就談笑風生地聊起來。我坐在一邊，只是靜靜地聽。

牛漢說話聲音大，笑聲也大，舒蕪要小得多。記得牛漢希望舒蕪給《新文學史料》寫關於他一生經歷的回憶文章，似乎就是後來刊發於該刊1997年第2期的長文〈《回歸五四》後序〉。

1993年，舒蕪的《周作人的是非功過》在人文社出版時，我做了責任編輯。在書裏，他以「以憤火照出他的戰績」的情感態度，對周作人在現代文學史、現代思想文化史上的作用和地位，文化心態，自我論和寬容論，婦女論，以及「五四」之後的變化，對魯迅的攻擊與附逆投敵等，都進行了歷史、客觀

舒蕪的書房「碧空樓」（程千帆書）

的評價與科學、透闢的論述。對周作人的散文藝術的解讀和闡釋，尤其精到，是具有獨創性的。

在這本書中，舒蕪充分顯示出一個研究者深厚的學養、深邃的眼光、精湛的造詣、敏銳的藝術感受力和細膩的審美鑒賞力。

我邊發稿，邊體味，感觸良深，不時擊案歎賞。舒蕪則總是很客氣，來信一再說「十分感謝您的費心審閱」，「此稿前後費您的心不少，十分感謝」。發稿後，他再三叮囑我，一定要自己看二校樣。

書出版後，他寫來一信，把發現的錯誤單列了一張表，附在後面，說：「真正錯字只有兩處，衍文一處，這是真正的錯處；此外都只是字模橫倒，漏了逗號，字體不正，不算大錯。所以總的看來，校對質量要算好的。」又說，「也許還有未看出的，您如另有發現，請隨時見告，為荷。」他還簽名寄贈我一冊，扉頁上寫著「培元兄指正」，還鄭重地鈐上了他的印章。

後來，他又陸續送給我一些他的新著。我發現，每一次，當他拿到樣書後，都要先通讀一過，隨手改正編校的錯誤。他送給我的那些書，或在書上直接把錯誤改過來，或寄來一份「勘誤表」。

記得送《舒蕪文學評論選》時，他特意告訴我，「太平天國」的「國」字，裏邊應該是「王」，而不是「玉」，書中全部印錯了，改不勝改。我一查《辭海》，果然是「王」。

舒蕪1922年7月2日出生於安徽桐城縣城內勺園方宅——出了「姚門四弟子」之一的方東樹、號稱「魯洪方」的一個名門之家。父親方孝岳是著名學者，著有《中國文學批評》、《中國散文概論》等專著。他的九姑方令孺是「新月派」女詩人，堂兄方瑋德是「新月派」

舒蕪的祖父方守敬（後左一）與諸孫於桐城故家合影（後右一為少年舒蕪）。

舒蕪的第一本書《掛劍集》，由編者胡風列入「七月文叢」第一輯，（上海）海燕書店1947年5月出版。

後起之秀。舒蕪自幼在家塾讀書，十二歲那年春天，插入桐城縣中心小學六年級下學期，同年秋，即以第一名的成績考入著名的桐城中學。只讀到高中二年級，就開始做中小學國文教師，直至大學國文系教授。

他小時候曾夢想像曾祖父方宗誠那樣，當個有名的理學家，談「心」，談「性」，談「敬」，談「誠」，立下個宗旨，自成一家之學。剛過二十歲，他就立志對中國的整個文化問題重新清理一番，寫一部《現代中國民主文化論》，「來發展馬克思主義哲學，來給個性解放的要求，奠定一套歷史哲學的基礎」。

四十年代初，在四川江津過著流亡生活的舒蕪，結識了「七月派」著名小說家路翎，並通過路翎結識了「七月派」的領袖、著名文藝理論家胡風。那時舒蕪在研究墨子，已寫了〈墨經字義疏證〉等文章。

胡風在信裏告訴他，「今天的思想工作，是廣義的啟蒙運動。」這使他明

確了當時要「做什麼」。胡風認為，較之純學術的文章，更需要的是「社會評論」，和「不用術語而能深入生活中的意識形態的解剖」。這使他明確了「怎麼做」。

胡風對他寄予了很大的期望，還建議他寫一本哲學入門的小冊子，來代替艾思奇的《大眾哲學》。這使他非常感奮。

1945年，舒蕪與臺靜農（前左一）、羅志甫（前左二）、柴德賡（後左二）合影於四川江津白沙。

1943年冬，舒蕪與住在他家裏的路翎朝夕相處，常常一起談論他們共同關心的思想文化和文學問題。一天，他們又憑欄縱談。路翎忽然神情鄭重地問他：

「你說，中國現在最需要什麼？」

舒蕪答不出，就回問路翎。路翎明確而肯定地說：

「需要個性解放。」

這句話，一下子點醒了舒蕪，使他腦子裏原來那些不太清楚的想法，頓時明晰起來。他想來想去，覺得的確一切都可以歸納為個性解放。特別是「國統區」進步知識份子的思想問題，馬克思主義如何進一步發展的問題，解決的關鍵都在於個性解放。

通過胡風的介紹，他還認識了在重慶的中共文化人陳家康和喬冠華。陳是中共駐重慶辦事處的工作人員、周恩來的秘書，對他寫的墨子研究文章〈釋無久〉頗為欣賞。喬是中共主辦的《群眾》雜誌的主編。

　　不久，陳、喬二人因分別發表〈唯物論與「唯物的思想」論〉、〈論生活態度與現實主義〉，在黨內整風中受到批評。舒蕪對認同他的墨子研究的陳家康很有好感，為了聲援他們，寫下了長文〈論主觀〉。在文中，他表示反對「機械教條主義」，大聲疾呼「容許一切新的探索和追求」，並主張在探索和追求中「充分發揚」「主觀作用」。

　　此文初稿完成後，給路翎看過，他提了書面意見，第二稿吸收他的意見很多。定稿後，舒蕪把這篇兩萬多字的文章寄給了胡風。

　　1945年1月，胡風在其主編的《希望》雜誌創刊號上發表了這篇文章，並在「編後記」中指出，作者提出了「一個使中華民族求新生的鬥爭會受到影響的問題」。

　　此文一出，立即引起了中共中央南方局文委的不滿，很快在「國統區」的左翼文藝陣營內部，引起了一場激烈的思想文化論戰。舒蕪亦由此聲名鵲起。

　　毛澤東的秘書胡喬木，後來曾兩次專門約他談話，批評他的〈論主觀〉，以及稍後發表的宣揚「強烈的」、「戰鬥的」、「徹底的個性解放」的〈論中庸〉，是「唯心論」。舒蕪不服，兩個人辯論得面紅耳赤，無果而終。

　　1953年4月，正在廣西南寧中學擔任校長職務的舒蕪，經中宣部文藝處副處長林默涵介紹，被馮雪峰調入人文社第二編輯室（古代文

學編輯室）作編輯。儘管廣西方面不願意放他走，自治區委宣傳部部長還找他談話，挽留他，許之以自治區人民政府文委秘書長、自治區出版社社長和自治區文聯副主席等職務，但都被他謝絕了，他一心想到首都北京去工作。

當時人文社的古編室，人才濟濟，常常是「文酒之會，以談為樂」，大家輪流做東。除了下館子，就是以打油詩互贈。

1946年4月，國立女子師範學院國文系一年級師生合影（前排左二臺靜農、左三舒蕪）。

舒蕪首唱贈張友鸞詩云：「傷風晨上值，淋雨夜歸家。白日常尋夢，晴窗偶種瓜。傳聞誇鹿馬，相見話桑麻。□□□□□，□□□□查。」副總編輯兼二編室主任聶紺弩也參加唱和，並用此韻嘲張，第三句云：「文章王賣瓜。」張笑納，不以為忤，而對末聯「錯自由他錯，誰將字典查」，張則笑著抗議道：「這可是領導在考核工作呀！」聶連忙改為「一字難分處，康熙百遍查」，問：「這行了吧？」

詩酒酬唱，文采風流，那時古編室的風氣，於此可見一斑。

舒蕪是堪稱人文社學者型編輯的一個典型代表。他既能編，又能寫，編書的過程，往往也是研究的過程。他編的一些書前，都有他自己撰寫的學術水平很高的前言。如《李白詩選》、《中國近代文論選》、《康有為詩文選》等。陳邇冬編的《韓愈詩選》，也是請他做的序。

　　1955年4、5月間，《人民日報》記者葉遙從舒蕪手裏借走了胡風歷年來寫給他的一百多封書信。舒蕪又奉已任中宣部文藝處處長林默涵之命，寫了〈關於胡風小集團的一些材料〉（《人民日報》發表時，改題為〈關於胡風反黨集團的一些材料〉）。

　　中宣部副部長周揚看過後，認為這些信很重要，即於5月9日呈送給毛澤東。於是，這些私人通信，加上了經毛澤東改寫的一言九鼎的「按語」，被當作確鑿無疑的「胡風反黨集團」的「罪證」，在黨報《人民日報》上公諸天下。由此，釀成了舉世震驚的被歷史學家稱為「共和國第一冤案」的「胡風反革命集團」案。

　　新中國最大的一起文字獄，就這樣發生了。

　　在「肅反」運動中，舒蕪雖未被當做「胡風分子」追究，但卻被判定為「擁護反革命分子聶紺弩搞獨立王國」。他被視為古編室這個「獨立王國」的「左丞」（「右相」為張友鸞）。

　　儘管從1956年起，他擔任了二編室副主任，但在1957年的反右風暴中，他卻又成了「舒（舒蕪）、張（張友鸞）、顧（顧學頡）、李（李易）右派小集團」的頭子，被打成了「右派分子」，撤銷編審職稱和編輯室副主任職務，由編輯五級降為編輯八級。

　　一天，舒蕪上班在樓梯上與張友鸞相遇，兩個人一起默默地往上走，旁邊沒有別人，張友鸞向舒蕪微微一笑，道：

「無言獨上西樓。」

166號樓兩家出版社各一半，人文社在西，人民社在東。此時此刻，張友鸞還是這樣妙語如珠，舒蕪不禁感慨繫之。

1960年，他調入社內新成立的編譯所，總算是過了幾年安生日子。1964年冬，他和出版社的另外五個人，被下放到山東沂蒙山區的沂源縣勞動，第二年6月返回北京。但是很快，「文革」的疾風驟雨就劈頭蓋臉地砸下來。他被當做「牛鬼蛇神」關進「牛棚」，早晚向毛主席「請罪」，無事找事地幹體力勞動，定期寫思想彙報，不斷地寫外調材料……

他在北京市第25中學當教師的妻子陳沅芷，被關在學校裏，「紅衛兵小將」把她捆起來，活活打死。老家安徽來的「紅衛兵」和街道上的一些人，在一個深夜抄了他的家，大衣櫃、留聲機、收音機等稍微值錢一點的東西，被洗劫一空。大人孩子連一件過冬的衣服也沒有了，只好向親友東要一件西要一

1953年舒蕪全家合影（前排左起舒蕪、長女方非、母親馬君宛、長子方朋，後排左起妻子陳沅芷、次女方林、小保姆）。

件，才熬過了那個淒冷的冬天。後來，他寫過幾首悼念亡妻的詩，其中有句云：「永夜有人聞獨鶴，十年無地築孤墳」。

1969年中秋節的前一天，他離開北京，被發配到湖北咸寧向陽湖「五七幹校」勞動改造。1975年初才回京，先是在校對科幹了兩年，1977年才重返古編室。度過了十年風雨滄桑，他已經五十五歲，兩鬢斑白了。

前幾年，在撰寫關於魯迅與周作人文化人格比較的文章時，我發現，二十世紀三十年代中後期，魯迅對士大夫的思想和美學進行了深刻的剖析和痛切的批判，於是對此產生了興趣，便開始檢尋有關文獻資料。舒蕪的周作人研究，及其關於古典文學的有些論述，使我獲益匪淺。

他1948年寫的〈王維散論〉，簡直就是打開中國士大夫的思想和美學之謎的一把鑰匙。文中說，王維的〈酬張少府〉中的兩句詩「晚年惟好靜，萬事不關心」，道出了他的「全部秘密」，「王維在中國文學史上，恐怕要算最完全最高妙地實現了『溫柔敦厚』的詩教的唯一的詩人，他的詩作乃是中庸主義的最美好的花朵。」我從中深受啟發，於是寫信給舒蕪求教，還談到了對杜甫詩、杜甫的忠君思想的一點感受和理解，談到了對士大夫在「道」與「君」之間的尷尬處境及其精神限度的看法。

舒蕪回信說：「古代士大夫，大概都有『忠君』思想，沒有例外。當時，事實上君、民、國三者不可分，觀念上也就難以截然分開。區別只能看發展，看成分，看比重。庸俗士大夫，年輕時『致君澤民』，後來越來越拋掉民，只記得君，只著眼於自己的利益。杜甫

那樣的『窮年憂黎元』，就算難得的。
但是，這也是用『同情之理解』的觀點
來看而已，並不是放棄我們的批評。」

　　在另一封信中，他說：「我覺得您
研究士大夫，是很不容易的事業。難就
難在，陳寅恪那樣的末代舊式士大夫之
後，從胡適開始，士大夫以新的形式出
現，現在大家狂捧的許多名人，都是這
個新式士大夫系列。只有研究這些現實
的士大夫，才有現實意義，而這是要挨
大罵的。」

1982年，舒蕪（右）到勁松小區看
望聶紺弩時兩人合影。

　　看了舒蕪的信，放棄了擬議中的
研究，集中一段時間，翻閱了一些古代
作家的詩文，以及魯迅提倡讀的野史筆
記。那結果，是寫了一篇得罪人的文
章〈也談魯迅的「罵人」及「施魯之
爭」〉，以及〈深冬雜識〉、〈大人物
的豔福〉、〈甲申感舊〉、〈在「靜
穆」與「熱烈」之間〉等幾個近乎雜感
的短文。

　　也就在那個時候，又看到了舒蕪
1982年出版的談《紅樓夢》的《說夢
錄》，一下子就被吸引住，幾乎手不

釋卷地讀完了。與一般高頭講章式的崇議宏論的「紅學」著作不同，《説夢錄》是一種「談話風」，文字親切、平易、自由。題目的擇取，也頗費了一番斟酌和思量，由一般人往往易於忽略處入手，顯示了作者的匠心。

全書貫穿了魯迅關於《紅樓夢》的一系列精闢的論述，文字背後閃耀著五四新文化的光輝。而「哀婦人而代為之言」的現代觀念，更是這本專著的一個格外突出的精神亮點。開篇即鮮明提出，《紅樓夢》「寫的是以寶黛釵這個悲劇為線索而貫串起來的整個青年女性的悲劇」，並加以深入闡發，真可謂提綱挈領、籠蓋全書。

難怪聶紺弩激賞地稱為「説極精，實為獨特之見」，「是紅學的最大空前突破」。還以詩相贈曰：「紅學幾家紅，樓天一問中。顰晴追妙可，猿鶴憫沙蟲。肉眼無情眼，舒公即寶公。女清男子濁，此意誰更通。」

這麼好的讀《紅樓夢》的啟蒙書、入門書，為什麼不能重新出版呢？《紅樓夢》是一部最偉大的經典小説，在中國其讀者群恐怕是最龐大的，無書能比。然而，並不是每個讀者都能看出其中的妙處、好處、幽微處、高明處和深刻處。這就需要好的啟蒙書、入門書，引領讀者更準確、深入、細膩地，既知其然又知其所以然地，去閱讀、鑒賞、品咂、理解、分析，從而真正進入絢麗、神奇、迷人的「紅樓」藝術世界。《説夢錄》當之無愧地屬於這樣的書。

舒蕪説他談的，就是「《紅樓夢》的普通讀者的正常理解和健康感受中最基本的東西，是魯迅所肯定的真理，也是平平常常的常識」。而這，恰恰是普通讀者所最需要的。這是一部精神層次很高和

學術含量深厚的研究專著，更是一本寫給普通讀者的導讀書。通過它，讀者讀《紅樓夢》，可以讀得更明白、有趣和有益，進而增長知識、陶冶性情、滋潤靈魂、昇華精神。

當即給舒蕪打電話。他說這本書1982年後沒再印，並表示願意授權人文社重出此書。我向他建議，新版一定要配圖。為什麼呢？因為忽然想起了三十多年前，第一次看《紅樓夢》的舊事。

1974年，舒蕪寫作《說夢錄》時期攝於崇文門外豆教胡同「天問樓」外。

在那個所有的圖書幾乎都變成了「封、資、修」的垃圾和毒草的時代，在那個無書可讀而又正值讀書欲望最強烈的歲月，在那個有書就讀、不管是《形形色色的案件》、《紅色保險箱》，還是《烈火金剛》、《古城春色》、《歐陽海之歌》，只要是書翻開來就讀的年齡段，無意之中，我居然幸運地從同學那裏，借到了與所有看過的小說皆迥然不同的、偉大的《紅樓夢》！

紙是灰黑色的。書前有一些圖。那種人物繡像的圖，不是嚴格寫實的，似真似幻，別有韻味，非常適合一個

十四五歲的少年關於《紅樓夢》人物的一種想像。書中的那些詞語，什麼「鮮花著錦，烈火烹油」，什麼「忽喇喇如大廈傾，昏慘慘似燈將盡」，「好一似食盡鳥投林，落了片白茫茫大地真乾淨」，什麼「花兒落了結個大倭瓜」；那些人事，什麼警幻仙子、跛足道人呀，什麼風月鑒、饅頭庵呀，什麼「還淚」、「鬚眉濁物」、「金陵十二釵」呀⋯⋯真是又新異、又奇妙、又神秘、又有趣、又深奧、又迷人。

　　林妹妹、寶哥哥、寶姐姐這些人，不可能是實有之人，而是生活在「大觀園」裏的人物，是「太虛幻境」裏的人物，是作者天馬行空般的想像力、虛構力的產物。他們的一顰一笑、憂樂悲歡，連同書前的人物繡像所發散出的那種特有的神情、風致、格調，一起深深地鐫刻在腦子裏，構成了我首次閱讀《紅樓夢》的懵懵懂懂、濛濛茸茸、斑駁迷離的印象，至今不忘。

　　舒蕪很贊成配圖，說《紅樓夢》的插圖很多，以清人改琦的為最好。我有點將信將疑，「難道我看的那種，是改琦的嗎？」一邊想著，一邊漫應之曰：「找找看吧。」接著，開始尋索少年時讀過的那種版本的《紅樓夢》，檢拾自己童蒙時代幼稚、紛雜、縹緲、美好的文學夢。

　　終於，在古代文學編輯室的資料中發現了，是五十年代人文社出的一種版本。何等驚喜而又親切、溫馨啊！沉睡了幾十個春秋的少年記憶，霎時間，全都閃電般地復活了。捧著書的手，微微地顫抖起來⋯⋯

　　又立即借到了改琦的《紅樓夢圖詠》，與舒蕪商定，五十幅圖全部採用。最後，《說夢錄》改名為《紅樓說夢》，於2004年5月出

版。首印八千冊，很快售罄，又加印了
八千冊。

1992年，社裏出版了周作人翻譯
的《盧奇安對話集》，舒蕪曾託我代購
一本。2004年初，社裏出版了英國作
家勞倫斯的《查特萊夫人的情人》，他
又囑我幫他代買。

他喜讀書，寫作亦勤，晚年尤其
如此。他樂於接受新事物，2000年
七十八歲時「換筆」，開始用電腦寫
作。迄今為止，他的近二十種著作（不
包括九卷本的《舒蕪集》），絕大多數是
六十歲以後寫的。

與那種埋頭牘下、皓首窮經的純粹
的學問家不同，舒蕪深受以「新文學的
最高峰魯迅」為代表的五四新文學的影響
和薰陶。他是一位具有理論家氣質、有思
想追求、有理想抱負的學者，始終熱心
於政治，關注社會現實，「關心著民生國
計、世道人心」（舒蕪語）。他所從事的
文學藝術、思想理論以及編輯工作，形
成了與此密切相關、融合著自己的人生
血肉和鮮活社會感受的個性特徵。

1946年，舒蕪（左）與表兄馬
茂元合影於合肥。

他說，自己投入精力最大的，是《紅樓夢》研究和周作人研究。朱正認為，舒蕪大約是周作人之後，對婦女的命運、苦難、地位和權利，思考得最多，也寫得最多的作者。

我覺得，他關於中國古代思想、文化、文學的雜感、漫談和隨筆，閃現著「五四」文化精神的批判鋒芒，也極有價值。

早在抗戰之前，他就確立了鮮明的「反儒學，尤反理學；尊『五四』，尤尊魯迅」的思想立場。他晚年的文字，又明確地回到了這一思想支點。這是舒蕪著述中十分寶貴的精神財富。

晚年，舒蕪在長文〈《回歸五四》後序〉中，回顧了自己一生的坎坷和沉浮，清理與反思了自己一生反復曲折的思想遷變。

1949年10月1日，在滿目瘡痍、民怨沸騰的國民黨統治的廢墟上，紅色的新中國誕生了。中國共產黨在軍事上、政治上取得的巨大勝利，征服了、贏得了一直追求進步、嚮往民主自由的舒蕪的心，使他心悅誠服地在各個方面服膺並接受共產黨的領導。

在工作中，舒蕪感到，「毛澤東思想真已浸透了整個革命的隊伍，隨時隨處看得到毛澤東思想的化身」。他還覺得，「政治上工作上被信任被需要被理解的地位」，「比什麼都重要」；〈論主觀〉這一大公案遲早要公諸討論，「最好是自己早點提出來，運用毛澤東思想來解決」。

他開始對自己原來宣揚的「個性解放」發生了懷疑，並意識到，學習毛澤東思想改造小資產階級思想，就是「用集體主義反對個人主義」。在對文藝界和文藝問題的看法上，他和胡風、路翎等人的分歧也越來越明顯。

1951年10月20日，他寫下了〈批判羅曼羅蘭式的英雄主義〉，公開向自己寫〈論主觀〉有所本的羅曼‧羅蘭的「新英雄主義」告別。實際上，批判羅曼‧羅蘭，也就意味著自我批判。他把此文寄給了在武漢《長江日報》文藝組做副組長的「七月派」詩人綠原。綠原看出了他的改過自新之意，兩個人見面時，就此爭論了一番。

11月9日，舒蕪寫了一首詩，贈給綠原：「相逢先一辯，不是為羅蘭；化日光天裏，前宵夢影殘；奔騰隨萬馬，惆悵戀朱欄；任重乾坤大，還須眼界寬。」

經過了思慮和考量，他決定公開表態，在思想上與胡風、路翎們分道揚鑣。

終於，1952年5月中旬，他寫出了檢討文章〈從頭學習「在延安文藝座談會上的講話」〉，明確承認〈論主觀〉所宣揚的個性解放，是反馬克思主義的。此文5月25日在《長江日報》發表後，《人民日報》很快於6月8日進行

1952年，舒蕪調入人文社前攝於廣西南寧。

了轉載，中宣部副部長胡喬木撰寫了編者按語，稱存在著一個「以胡風為首的文藝上的小集團」。

儘管舒蕪對這一提法感到吃驚，但是，事情仍然繼續沿著誰也沒有預料到的軌跡發展。《人民日報》來信約稿，要他接著寫一篇較詳細的檢討和批評文章。1952年6月22日，他寫了〈致路翎的公開信〉，文中接受了《人民日報》按語中「小集團」的提法，説：「我們的錯誤思想，使我們在文藝活動上形成一個排斥一切的小集團，發展著惡劣的宗派主義。」

從1952年9月6日到12月27日，中共中央宣傳部在東總布胡同，先後召開了四次座談會，對胡風進行批判和「幫助」。舒蕪亦應邀出席。會後，林默涵和何其芳分別把他們在會上的發言，整理成〈胡風的反馬克思主義的文藝思想〉和〈現實主義的路，還是反現實主義的路？〉，於1953年1至2月公開發表。

1954年7月，胡風寫出〈關於解放以來的文藝實踐情況的報告〉（即著名

1983年5月3日，舒蕪（左）參加《羊城晚報》舉行的筆會時，與黃裳合影於廣州蘭圃。

的「三十萬言書」），上書中共中央。這一年10月，即發生了所謂《文藝報》「壓制小人物」的《紅樓夢》研究的事件。12月8日，周揚在全國文聯、作協主席團擴大會議上，做了〈我們必須戰鬥〉的講話，胡風再次成為重點批判對象。

1955年1月，中共中央建議將「三十萬言書」在《文藝報》上刊發，進行公開討論。看了周揚的〈我們必須戰鬥〉，胡風「不能不意識到問題的嚴重性」。11日，他寫了〈我的自我批評〉，檢討自己違反馬克思主義和毛澤東的文藝方針，長期拒絕思想改造的「嚴重錯誤」。

14日，他找周揚當面承認錯誤，要求收回「三十萬言書」，或修改後再發表。周揚不同意。胡風又要求發表時附上他寫的〈我的聲明〉。第二天，周揚致函中宣部部長陸定一，並轉呈毛澤東，建議不發表胡風的聲明，說那樣會「在讀者群眾中造成一個他已承認錯誤的印象」，「於我們不利」。

毛澤東當天即在此信上做出批示，說「這樣的聲明不能登載」，「應對胡風的資產階級唯心論反黨反人民的文藝思想進行徹底的批判」。

為貫徹毛澤東的這一批示，21日，中宣部向中央報送了〈關於開展批判胡風思想的報告〉。26日，中共中央批轉了這個報告。一場公開批判胡風文藝思想的政治運動，就這樣更大規模地展開了。

這一年3、4月間，《人民日報》文藝組記者葉遙，帶著領導交辦的找人寫「胡風的宗派主義」的文章的任務，先拜訪了已調到中宣部國際宣傳處工作的綠原。綠原表示，「水平有限」，「給黨報寫稿，

寫不了」。她又找路翎未果，轉而找到舒蕪。舒蕪答應了，似乎還說曾有寫這個題目的考慮。因而，也就有了前文所述的「借信」事件。

在〈《回歸五四》後序〉中，舒蕪沉痛地表示，「那麼多人受到迫害，妻離子散，家破人亡，乃至失智發狂，各式慘死，其中包括我青年時期幾乎全部的好友，特別是一貫挈我掖我教我望我的胡風，我對他們的苦難，有我應負的一份責任」。

正如林賢治先生所言，舒蕪晚年的那些與「五四」文化精神相契合的文字著述，具有一種「精神救贖」的性質。

在第四屆全國文代會上，他見到了受盡磨難之後總算是活了下來的路翎。他握著這個曾是他年輕時候最要好的朋友的手，激動地說：「路翎，我是舒蕪，我是方管！」路翎只是「哦、哦」地含糊不清地應答著，兩眼發直、發呆、發愣，一句話也說不出來。而這雙大眼睛，二十多年前，曾經是多麼炯炯有神啊！

舒蕪在「碧空樓」（1997年10月27日）

　　看著眼前滿頭白髮的老友，看著眼睛已經失去了昔日的神采的路翎，舒蕪感慨不已，唏噓不已，別有一番滋味在心頭。

　　後來，聽說恢復寫作的路翎，只能寫一點談自己如何在街道掃地之類的文字，已經不復是當年和他一起住在重慶中央政治學校教職員宿舍時寫作長篇小說《財主底兒女們》的那個才華橫溢的路翎了，舒蕪愈加傷感，更覺悲涼。

　　在二十世紀中國，舒蕪是一位飽經滄桑、歷盡劫難的知識份子。新中國成立之初，在思想上相信馬克思主義，在政治上擁護中國共產黨領導的舒蕪，完全贊成對知識份子的思想改造運動。他認為，不但自己的思想需要改造，而且還有權利、也有義務幫助友人進行改造。他在〈《回歸五四》後序〉一文中，對自己後半生所走的道路，做了這樣的概括：

　　　　解放後三十年，我走了一條「改造路」：先是以改造者的身
　　　　份，去改造別人；後來是在「次革命」的地位上自我改造，
　　　　以求成為「最革命」；結果是被置於反革命的地位。

　　如今，與他有關的那些噩夢般的往事，那些恩怨情仇，隨著歲月的流逝，似乎正如煙塵一般，漸漸地消散了，並終將湮沒於歷史的深淵。幾次和他見面，都覺得他是一個謙和的、藹然可親的老人。但是，在外表的平和、平淡和平靜中，似乎仍能感受到，他內心的波瀾並沒有完全止息。

走過了悲劇性的人生之後，在回首慘痛的前塵往事的時候，他難道能夠無動於衷？在痛定之後，他就沒有「抉心自食，欲知本味」的創痛？

　　他的室名，前有「天問樓」，後有「碧空樓」。他的一本1999年出版的文集，書名叫《我思，誰在？》。書前題記有云：「我思了，我在麼？在的是我還是別的人？」

　　在這當中，我以為，可以看到一點舒蕪的心靈的消息。

2005年11月16日於朝內大街166號北窗下

2006年3月26日改定

舒蕪的另一個室名「天問樓」（程千帆壬戌夏書）

韋君宜

——折翅的歌唱

剛進人文社那會兒，還有食堂，吃午飯時，能看見社長韋君宜也拿著碗，和大家一起排隊買飯。幾乎沒有人稱她「韋社長」，而是都叫她「韋老太」。

1986年3月，我參加了馮雪峰紀念會及學術討論會的籌備和秘書工作，開幕式和閉幕式等一些重要活動，她都出席了，還講了話。她戴著白邊眼鏡，個子不高，稍有些胖，簡直就像個能幹的老外婆，話雖不多，但很乾脆，絕不拖泥帶水，透著那麼一份精爽幹練。

但那時對她並不瞭解，不知道她當年是清華大學哲學系的高材生，得到過馮友蘭先生的賞識；不知道她曾經滿腔熱血投身一二九運動，十九歲就入了黨，之後又去了延安；也不知道她是五十年代首都新聞界的「四大才女」之一……

不久，韋君宜就離休了。後來，聽說她在參加一次會議期間，突發腦溢血而導致右

1982年，韋君宜（右）陪同丁玲參觀人文社書籍封面插圖展覽。

幼年韋君宜（右一）與弟弟妹妹合影

側身體癱瘓，從此長期纏綿於病榻。再後來，便陸續讀到了她的《露沙的路》、《我對年輕人說》和《思痛錄》，《思痛錄》尤使我對她這個來自延安的老革命刮目相看。又找到她以前的《老幹部別傳》和《海上繁華夢》等小說、散文集來看。這才瞭解了她的不尋常的人生，也理解了她青春時代的信念、理想和追求，更理解了她的愛、恨與痛，她的血淚、傷心與悔疚。

在韋君宜獻身革命的經歷中，有一點很突出：她出生於一個生活優裕的富貴之家，從日本留學歸來的父親，做過北洋政府交通部的技術官員和鐵路局的局長。她從小聰慧好學，又受到了良好的家庭和學校教育，1934年秋同時考取了北京大學、清華大學和燕京大學三所名校。父親對她寄予厚望，打算送她赴美國自費留學。

然而，「華北之大，已經放不下一張平靜的課桌了！」那場發生在1935年冬天的轟轟烈烈的一二九運動，徹底地改變了一切。她由於參加救亡運動而

常常缺課。馮友蘭先生教授的「中國哲學史」，她因缺課太多，不及格，需要補考。考前，她仔細讀了馮先生的專著《中國哲學史》，結果考得很好，馮先生給她打了九十五分的高分。

但是，年僅十八歲的她，終於還是沒有好好讀書，而是「懷抱著純潔的理想和信念而赴湯蹈火，視死如歸」，義無反顧地踏上了一條由愛國通向革命的人生之路：從清華園走到了延安。

1936年初，她參加了北平學生救國聯合會組織的平津學生「南下擴大宣傳團」，下鄉宣傳抗日。回校不久，她就加入了中國共產主義青年團，不久轉為中國共產黨員。1936年暑假，她曾前往山西參加革命組織「犧盟會」。在拯救民族危亡的火熱鬥爭中，先後在《大公報》、《國聞週報》、《清華週刊》上，發表詩歌、散文和小說等作品。七七蘆溝橋事變爆發後，她回到天津家中，不久即離家南下，同時賦七律詩一首以明志，題為〈別天津〉：

> 斬斷柔情剩壯心，木蘭此去即從軍。
> 早因多難論高義，已到艱危敢愛身。
> 如此山河非吾土，傷茲父老竟誰民。
> 願將一片胸頭血，灑作神州萬樹春。

到武漢後，她暫在武漢大學借讀。這一年底，她和大妹蓮一跑到湖北黃安七里坪，參加中共湖北省委舉辦的抗日青年訓練班。從此，她把自己原來的姓名「魏蓁一」改為「韋君宜」。訓練班結束後，她先後被派往襄陽和宜昌開展抗日救亡工作。到了宜昌，和她聯絡的是

中共宜昌地區工委書記孫世實。孫是清華大學十一級中文系學生，曾任「北平學聯」常委。在朝夕相處的工作中，兩個人相愛了。

1938年夏秋之交，他們倆被調回武漢。母親帶著父親的親筆信，專程從北平經香港到武漢來看她。父親在信裏懇切地希望她先回家，然後送她赴美國自費留學。韋君宜沒有回家。在中華民族生死存亡的歷史關頭，她把個人的學業、前程拋在身後，選擇了留在國內投身抗戰。

10月，武漢大撤退開始了。她和孫世實決定撤退到宜昌後結婚。但是，孫世實為了照顧一個生病的同志，沒能和她同船撤離。直到武漢陷落後，孫世實才乘船撤退。路上遭遇日軍飛機轟炸，他為了救護戰友，不幸遇難。

得知噩耗的韋君宜，心痛欲裂。她哭了一場又一場，恨不能立即哭死。她無法想像「失去他而活著」，她不止一次地想自殺，計畫自殺，甚至買了毒藥。過了幾個星期，她從

1935年的韋君宜，時已考入清華大學。

「哀痛至極」中逐漸解脫出來，長歌當哭，寫下了感人至深的〈犧牲者的自白〉一文：

> ……在民族的獻祭台前，有人走上來，說：「我獻出金錢。」有人說：「我獻出珠寶。」有人說：「我獻出筆墨。」有人說：「我獻出勞力。」我將上臺大聲宣佈：「我獻出了我的愛人！」

她後來說：「我為什麼拋棄了學業和舒適的生活來革命呢？是為了在革命隊伍裏可以做官發財嗎？當然不是，是認為這裏有真理，有可以救中國的真理！值得為此拋掉個人的一切。」

1980年，她為這篇文章做「補白」時寫道，我活到了他為之付出了年輕生命的「將來」，「光明、理想、愛情、犧牲、殘酷、愚昧、民族、國家、命運……這一切複雜的交織，小孫全沒有想到。這個『將來』的面貌，他沒有想到。」

韋君宜也沒有想到。1949年她作為「新社會的代表者」進了北京以後，她曾經捨棄一切、奮不顧身投奔的「革命」，仍在無休止地繼續。

儘管在當年延安的「搶救運動」中，她和丈夫楊述都受到過深深的傷害，毀家紓難的楊述被打成了「國民黨特務」，他們的第一個女兒不幸夭亡，她也落下一身病，但是，毛澤東1945年在中央黨校舉手道了個歉之後，他們就「全都原諒了，而且全都忘記了」。

五六十年代，韋君宜又經歷了一場接著一場、更加漫長的嚴酷無情的精神磨難和脫胎換骨的思想改造。

由於「對『組織上』的深信不疑」的態度，「以信仰來代替自己的思想」，「以上級的思想為思想」，使她也一度成了「以整人為正確、為『黨的利益』」的「整人者」。甚至對在「鎮反」、「肅反」中受到冤屈的自己的舅父和丈夫的堂兄，她或者嚇得「連忙劃清界限」，或者「相信不疑」，而採取了「冷淡」的態度（她自責地稱之為「打擊迫害的態度」）。

這是韋君宜在延安穿過的上衣和褲子，她珍藏了半個多世紀，又鄭重地留給了女兒楊團保存。

北平解放以後，她做過共青團中央宣傳部副部長兼《中國青年》雜誌總編輯，1954年她又從北京市委文委副書記的職位上，調到中國作家協會，擔任《文藝學習》主編。她說，那時候開起會來，「說一是一，說二是二」的周揚，「怎麼說我就跟著怎麼說」。黨報上忽然宣佈胡風是「反革命集團」，她也「寫了文章，批判胡風，以為自己這樣做是聽黨的話，緊跟周揚」。

後來越鬧越大，發展到整丁玲、陳企霞，他們都成了反黨的「右派」；再後來，馮雪峰也成了「右派」；與陳

企霞一起辦刊物的編輯，都一概網羅在內；然後是丁玲的秘書也算進去；再以後是和丁、陳、馮毫無關係，和她一樣真正聽黨的話，老解放區出身的秦兆陽；還有年輕的「少年布爾什維克」王蒙，陳企霞教過的學生徐光耀……

韋君宜目瞪口呆，震驚不已，也困惑不已。

她做了《文藝學習》這個對廣大青年讀者進行文學教育，普及文學知識的刊物的主編後，一開始是很強調文藝的政治教育意義和社會效果的，但後來受到了非主流文藝思潮的影響，「也變得有點『非正統』起來」。

1956年4月下旬，聽了赫魯雪夫在蘇共二十大所作的秘密報告的傳達之後，當天晚上，她流著淚，問她的助手、《文藝學習》的編委黃秋耘：「你認為今天聽到的，是事實嗎？是真的還是假的？」此事對她的震動極大。她沒有想到，在共產黨內部會出這種事情。

黃秋耘向她建議在刊物上轉載蕭洛霍夫的小說〈一個人的遭遇〉。開始

1957年第5期《文藝學習》，此期發表了蕭洛霍夫的小說〈一個人的遭遇〉（草嬰譯），以及杜黎均的評論〈談「一個人的遭遇」的創作特色〉。

她不同意，説「這個東西是反蘇反共的」。主張文學家、藝術家「不要在人民的疾苦面前閉上眼睛」的黃秋耘説：「蘇聯人民難道都是歡樂的嗎？沒有痛苦？有痛苦，作為作家，寫一寫人民的痛苦，是應該的。」

從青少年時代就追求自由、民主、民族獨立和人民幸福的韋君宜，終於決定轉載這篇小説，在同一期上還發表了肯定這篇作品的評論文章。

她還接受黃的建議，連續三期在《文藝學習》上組織討論王蒙的小説〈組織部新來的青年人〉。1957年第5期，又刊發了劉紹棠提出毛澤東文藝思想應該隨著時代的發展而發展的〈我對當前文藝問題的一些淺見〉。

在1957年4月和6月的兩次作協黨組會議上，她對秦兆陽由於修改王蒙的小説挨批表示同情，還指出1956年對丁玲、陳企霞的處理是錯誤的。《文藝報》的社論批評了黃秋耘譴責教條主義的措詞尖銳的〈刺在哪里？〉（刊發於1957年第6期《文藝學習》）後，她6月29

1956年第12期《文藝學習》。自此期始，《文藝學習》連續四期開闢「關於『組織部新來的青年人』的討論」專欄，共刊發了劉紹棠、從維熙、邵燕祥、秦兆陽、劉賓雁、康濯、艾蕪等人的二十五篇觀點不同的文章，展開了熱烈的討論。在當時的文藝刊物中，怕是只此一家吧。

日找到擔任作協黨組副書記的詩人郭小川，哭了一場。在7月2日的作協黨組會上，她發言認為，《文藝報》社論對黃秋耘和劉紹棠的批評是過火的。她還為《文藝學習》編輯部的一個幹部李興華被劃成「右派」一事，和作協機關領導反右派運動的核心小組組長劉白羽，大吵了好幾次。

然而，以雷霆萬鈞之勢開展起來的作協的反右派運動，很快也把矛頭對準了韋君宜。她由原來的「緊跟派」，一下子跌到了「右派的邊緣」。

8月17日，在《文藝學習》編輯部會議上，她被迫做了被認為是「很不深刻」的檢討。她寫的「不屬於口口聲聲歌功頌德的小文章」，也被認為是「壞文章」。

從10月17日到11月23日，作協黨組連續開了七八次會，對她進行批判，後兩次把她和黃秋耘一起批。10月24日上午的韋君宜思想批判會，郭小川最後一個發言，講了一個多小時，談得比較尖銳。他在日記裏寫道：「對於韋君宜那種自以為是，不這樣批評一下也不行。」

隨後，作協決定停辦《文藝學習》這份受到青年讀者歡迎，印數從1954年4月創刊時的十二萬份，一直增加到近四十萬份的雜誌，其主要「罪狀」是組織討論〈組織部新來的青年人〉，以及發表黃秋耘和劉紹棠的文章等「嚴重右傾錯誤」。

由於她在延安工作時的老領導胡喬木出面干預，她雖然逃脫了被劃為「右派」的厄運，但是，她目睹了一幕幕悲劇、慘劇在自己身邊的發生和上演。

《北京日報》的青年記者戚學毅，自己並沒有什麼問題，只是因為他的好友劉賓雁被打成了「右派」，他不願意違心地批判、揭發他，就在批判會正進行之時，從五樓上跳了下去，當即身亡。他死前的幾天，還對韋君宜說過：「我讀過黃秋耘那篇〈鏽損了靈魂的悲劇〉（刊於《文藝報》1956年第13期——引者注），我可不願意自己的靈魂受到鏽損，帶著鏽損了的靈魂而活下去是沒有意思的。」

戚學毅的死，使韋君宜痛苦不堪、痛心不止。她想不明白：「為什麼非要把一個有正義感的年輕人迫上死路不可哪？我看這樣搞運動不怎麼對吧？」

她寫了一首七律〈一九五七年有感〉，真實地記錄了內心的困惑和痛苦，詩云：「抱影清宵輾轉時，秋寒獵獵已難支。朱顏綠鬢緣誰盡，臥雪含冰不可思。寧惜一身甘粉碎，每懷天下欲成癡。人生所苦心難死，碎向君前知未知。」

作協的反右派運動大獲全勝。僥幸沒劃為「右派」的韋君宜，由於「沒有站穩立場，犯了較嚴重的右傾錯誤」，受到了「黨內嚴重警告處分」，被撤銷了作協黨組成員職務，取消了中共中央直屬機關黨代表身份，然後，遣送到河北懷來農村去勞動鍛煉。

1959年初她回到北京，又以《人民文學》副主編的身份，到長辛店二七機車車輛廠參加廠史的編寫。1960年調入作家出版社，年底作家社併入人文社，1961年4月，她被任命為副社長兼副總編輯。

經過了「下去又上來，上來又下去」的反反覆覆的折騰，「經歷了無數的酸辛和慘苦」，她已成了一隻心靈上傷痕累累的政治風暴中的「驚弓之鳥」。

曾於八九十年代擔任人文社社長兼總編輯的陳早春，覺得「她是個謎」：「既是個女強人，又是個弱女子；一方面有冷眼向洋看世界的豪邁，另方面又有打落牙齒和血吞的懦弱；她任情而又拘禮，簡傲而又謙卑；她是個熱水瓶，內膽是熱的，外殼是冷的；她對自己的事業和命運是堅韌不拔地執著抗爭的，但最終的拼命一擊，也只能算是鉛刀一割；她有雄才大略，但不能揮斥方遒；她狷介而隨俗，敏捷而愚鈍。」

這是人文社的美術編輯王榮憲為韋君宜所繪畫像，她很喜歡，裝在鏡框裏，掛在臥室床頭牆上。

王蒙回憶「文革」中韋君宜去過新疆，他到旅館拜訪她，「她是一句寒暄的話也沒有，似乎不認識我。她嚇壞了，她其實是不敢與我交談」。到了1976年，王蒙的妻子到北京探親，受丈夫之託去看望韋君宜，「君宜也是一句話也沒有」。

王蒙說，她「是一個講原則講紀律極聽話而且恪守職責的人」，她從不虛與委蛇，從不打太極拳，沒有廢話，沒有客套，沒有解釋更沒有討好表功，確實做到了無私，不承認私人關係，不

講人情世故，不會兩面行事，需要劃清界線就真劃，不打折扣，不分人前人後。

然而，這一切，韋君宜所經歷的一切，最終都沒有毀滅她感受別人的苦難和自己的傷痛的心性，沒有徹底摧毀她深入地探根究源的反思能力。「文革」恰似煉獄一樣，把她的這種能力和本性喚醒了。

她說過，「『文革』救了我」，我從中「死裏逃生」。經過十年「文革」的「洗禮」，「她的靈魂清洗乾淨了」。這場民族大劫難，使她的靈魂得到了救贖，精神發生了蛻變。

由「死」而「生」，她是怎麼「活」過來的？

1966年8月，正在河南農村擔任「四清」工作團團長的韋君宜，被召回北京。一回到人文社，滿牆皆是矛頭指向她的大字報。緊接著，「造反派」把她關進了社會主義學院，集中批鬥。「造反派」逼迫她自己記錄對她的「揭發批判」，她拿起筆，寫下了一句話：「親愛的黨啊，你難道不要你的女兒了嗎？」

不久，「造反派」又把她揪回社裏批鬥、遊樓。她一下車就兩腿發軟，幾乎癱倒在地上，兩個空軍女戰士從兩旁架著她，連拉帶拽地遊完了樓。之後，她便神志不清。

別人問她話，她答不上來，只是直愣愣地瞪著對方；把一個鋁鍋扣在頭上，說要去遊街；又將廁所裏用過的衛生紙撿起疊好，說是交代材料；而且語無倫次，不會說話了，成天對著偉大領袖像傻笑；既不認識家人，也不知道自己是誰；還拿著一幅領袖坐像邊哭邊說：「毛主席不要我了，不要我了！」

　　她女兒學校的同學，率先衝到她家裏來抄家。接著，機關幹部、本院居民、街道閒雜人員，誰都可以到家裏來亂抄一通。一切能砸碎的東西都砸碎了，糧食裏被摻進了玻璃碴⋯⋯

　　她的丈夫楊述，當年在清華曾是一個「浪漫的、激情的、多才的少年」，在一二九運動中，是與蔣南翔並稱的核心人物。他對黨忠貞不二，真正做到了黨怎麼說，他就怎麼想、怎麼做。但是，他這個北京市委主管高等院校工作的副書記，卻一夜之間，成了「三家村的黑幹將」，被抓走囚禁起來，剃了陰陽頭，還被「造反派」用一寸粗的鐵棍子，打折了肋骨，在地上到處爬。

　　她的兒子也成了「狗崽子」，被侮辱，被追打，在外邊流浪了一夜，之後，精神失常。

　　同樣也已精神失常的韋君宜，一病三年，在老保姆趙婆婆的看護下，逐漸恢復，直至1969年去湖北咸寧向陽湖「五七幹校」前，仍未徹底痊癒。

　　她去幹校之前，全家曾在天安門廣場合影，給我們留下了那個政治瘋狂時代她的真實面影。照片上，矮小的韋君宜，短袖衫皺皺巴巴，右側衣襟下垂，領口朝一邊裂歪著，嘴角緊抿，「瘦得像人架子」，全然不見了往昔那個清華才女的英姿和風采。

　　韋君宜終於熬過了十年「文革」。1973年，她和嚴文井回到社裏主持工作。

　　「新時期」開始後，她雖心有餘悸，但依然宵衣旰食，忘我地工作。1979年，她和嚴文井一起，決定以人文社的名義，在北京召開中長篇小說創作座談會。為了開好這次對剛剛起步的「新時期文學」的

發展產生了很大影響的會議，她「奔走最勤、操心最多」。還分頭請來胡耀邦、茅盾和周揚，到會講話，與作家們進行交流。

為了解決「文革」十年造成的「書荒」，她又和嚴文井主持集中重印了中外文學名著近五十種，在社會上引起了極大反響，被譽為「新時期文學出版復業」的先聲。她大力支持大型文學期刊《當代》的創刊，《新文學史料》季刊也在她的主持下面世；作家王蒙、張潔、莫應豐、馮驥才、諶容、竹林、張曼菱等人，都得到過她的熱情關懷和切實幫助，在人文社出版了他們的重要作品。

韋君宜擔任總編輯的人文社，成了為人們矚目的思想解放的澎湃洪流中的一朵翻騰奔湧的浪花。

她在延安《中國青年》雜誌作編輯時，雜誌社的社長是胡喬木。1953年，中央組織部門打算把她調到新創建的工科大學去做領導幹部。她覺得自己不能勝任，於是去找胡喬木，胡讓她到中國作家協會去。她的編輯生涯，就是這樣開始的。

1969年夏韋君宜去幹校前，與丈夫楊述，兒子楊都（左一）、楊飛（右一），在天安門廣場留影。

「新時期」剛開始的時候，胡喬木肯定了在她主持下，人文社編輯出版的正面描寫「文革」的長篇小說《將軍吟》（莫應豐著），又支持這部有爭議的作品獲得了「茅盾文學獎」。可是後來，卻聽説胡喬木不贊成描寫「文革」的悲慘場面的作品，説「那已經過去了，應該向前看」。

「文革」結束前的1975年，韋君宜夫婦攝於陶然亭，楊述擰著眉頭，韋君宜心事重重。

韋君宜並不同意老上級的這種看法。在後來思想界、文藝界發生的不同意見的爭論中，胡喬木發表的一些觀點和文章，她也無法認同。她越來越少去找這位老領導了。

她病倒之後，胡喬木幾次到家裏看望她，韋君宜從沒和他談及有關爭論。「我懷念著當年的胡喬木」，胡去世後，她在〈胡喬木零憶〉一文中這樣寫道。

與她一起工作過的老同事，提起她的時候，不止一個人説，在路上或公共汽車上，碰到了她，上前主動打招呼，她卻視而不見，毫無反應，彷彿故意不理人似的。就那麼一個人目中無人地自

說自話，只見嘴唇在動，並不出聲。說著，說著，忽又無言地笑了，可是倏忽之間，笑容就立即消失了，只有上下唇兀自在翕動不止……

她似乎有一個完全屬於自己的、隱秘的、深藏不露的精神世界，而且完全生活於、沉溺於其中，別人根本無法窺探其中的堂奧。

有一次，中國婦聯在北京人民大會堂接待外國女貴賓，指定幾位女性代表前去陪客，韋君宜也是其中之一。她忙完工作，回到家，打開箱子，抓了一件針織白底藍花綢的旗袍，又套上一件軟料子西式白外衣，就匆匆走了。到達指定的接待廳後，婦聯主席康克清看了她一眼，搖著頭說：「你怎麼穿了一件破衣服來會客人？」

韋君宜低頭一看，糟了，外衣左邊底下口袋，撕了一個口子。她連忙將外衣脫掉。康克清又看了看她的胸前，說道：「旗袍也是破的。」

她再看，天啊，旗袍胸部的針織花紋，有一處開線了，該縫補卻沒縫補。

《露莎的路》一書的手稿

韋君宜窘得滿臉通紅。幾位婦聯幹部急忙找了一件白網線外衣，給她套上，才算是救了她的駕。

韋君宜不拘禮節，似乎也不大懂人情世故。家裏來了客人，她既不讓座，也不沏茶。有時候，社裏的編輯去她家裏談稿子，談晚了她也會留你吃飯，但並不顯得特別熱情，似乎吃飯就是吃飯，一副公事公辦的樣子。

她走路不抬頭，上身前傾，走得大步流星，永遠是匆匆忙忙、風風火火。

她工作效率極高，審稿速度特快。操著一口京片子，和作者談稿子時，從來不講理論，而是單刀直入，一語破的，問題抓得極準。比如她會說，你寫的這個女人不對勁兒，根本不像女人，如何如何；作者聽了，不得不佩服。

她在社裏還主持了「編輯月會」。她親自請專家來講，也請老編輯講，請業務骨幹講。更多的時候，是她自己上臺主講。主要講如何組稿，如何加工修改書稿，如何提高業務水平。這種每月一次的「編輯月會」，受到了編輯部門，尤其是年輕編輯們的歡迎。

在傾心投入文學編輯出版事業的同時，韋君宜自己也開始了執著、堅韌、深刻的精神涅槃。

在與她有類似經歷的人都紛紛撫摸傷痕、傾訴冤屈、表白心跡之時，她寫下的，卻是記憶苦難、清洗靈魂、叩問人性、呼喚人格的作品，如中短篇小說〈清醒〉、〈洗禮〉、〈招魂〉、〈舊夢難溫〉，散文〈當代人的悲劇〉、〈負疚〉、〈抹不去的記憶〉，都顯示出了與眾不同的獨異之色。到了《露沙的路》和《思痛錄》，

更是字字血淚，篇篇歌哭，堪稱泣血椎心之作。

她的很多文字，都帶有精神自傳的性質。愧疚，沉痛，覺醒，追問，反思，於其中一以貫之，真實感人地記錄了她的難能可貴的精神復活之旅。她過去的困惑、迷惘與痛苦，源於一個文化官員的黨性與其心靈深處的知識份子的良知的矛盾和衝突。上述作品表明，在巨大的思想衝突和劇烈的內心痛苦中，她開始了由文化官員向知識份子的艱難復歸歷程。

與魯迅說的那種無信仰、無特操的「做戲的虛無黨」截然不同，韋君宜是二十世紀中國知識界一位罕見的認真、執著、純粹、堅貞、勇毅的女性知識者。由於認真、執著、純粹、堅貞和勇毅，遂堅定地獻身理想，熱烈地擁抱信仰，奮不顧身地投入革命；一朝幻滅，也便格外痛楚；醒覺之後，又分外決絕。

無論是一個人，還是在大庭廣眾之中，韋君宜常常旁若無人地自言自語，晚年尤甚。她親歷了那麼多磨難，受到

韋君宜1938年日記

了那麼多難以忍受的傷害，心中不知淤積了多少疑問和痛苦。所有往事，她都無法忘卻，難以釋懷。日久天長，就這樣不停地咀嚼，不息地思考，反覆地追索，痛定思痛，「疾痛則呼天」。

1985年下半年，我們的社長韋老太，堅決要求離任回家。在社裏為她舉行的全社員工參加的告別會上，她哽咽著，不停地擦著眼淚，說：

「……這裏是個聯合國，我指揮不了人，人人都可以指揮我，上面的，下面的……到這裏來，不要想當官，我在這裏的官是最大的，當我這樣的官，有什麼意思？……我一輩子為人作嫁衣裳，解甲歸田，也得為自己準備幾件裝殮的壽衣了……」

從此，她再也沒有踏進過人文社的大門。

她傷心，她痛心，所有的傷痛，都沉澱為清醒而明晰的理性，推動她做追蹤溯源的思考。

實際上，她的「思痛」，早已開始。在延安，丈夫楊述和她被「搶救」之後，她就寫過一首未完成的新詩〈家〉，傾訴「在家裏」／「我們卻成了外人」的委屈和哀傷。

1980年，她為楊述寫了一篇悼文〈當代人的悲劇〉。「我要寫的不是我個人的悲痛，那是次要的。我要寫的是一個人。」她這樣寫道，這個人在十年浩劫中間受了苦，挨了打，這還算是大家共同的經歷，而且他的經歷比較起來還不能算是最苦的。「他最感到痛苦的」，還是人家拿他的信仰——對黨和對馬列主義、對領袖的信仰，當作要猴兒的戲具，一再要弄。這種殘酷的遊戲，終於逼使他對自己這「宗教式的信仰」發生了疑問。這疑問，是「付了心靈中最苦痛的代價」換來的。

從那時起，韋君宜就在不停地思索，就在不斷地追問：「我們這時代」，為什麼會發生這種「人間悲劇」，而且發生得這麼多？

到了寫《思痛錄》，她的思考比以前更加深化、更加深刻，也更加悲愴了。在一個廣闊的大時代背景上，她不但思考了自己的一生，思考了自己的革命生涯，而且也思考了近一個世紀以來中國的歷史。

在「緣起」中，她說：「十多年來，我一直在痛苦地回憶、反思，思索我們這一整代人所做出的一切，所犧牲和所得所失的一切」；「真正使我感到痛苦的，是一生中所經歷的歷次政治運動給我們的黨、國家造成的難以挽回的災難」；「我既是受害者，又是害人者。」

她還寫道，「參加革命就準備好了犧牲一切，但是沒想到要犧牲的還有自己的良心」；「我時時面臨是否還要做一個正直的人的選擇。這使我對於『革命』的傷心遠過於為個人命運的傷心」。

韋君宜著《思痛錄》，封面設計王暉，北京十月文藝出版社1998年5月出版。

讀了這些話，誰能不被強烈地震撼，不為之動容，而做深長的省思呢？

韋君宜自1986年4月因腦溢血偏癱後，1987年又右臂摔傷骨折，1989年再患腦血栓，1991年骨盆又震裂……

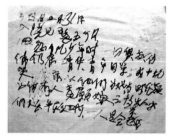

1986年韋君宜腦溢血後在病床上寫下的字，可以看出她最懷念的是在清華園的美好歲月。

就是在這接二連三、難以承受的病痛打擊和磨折下，在右手的神經已經壞死的情況下，她以超常的意志和巨大的精神力量，依然堅持練習寫字，依然堅持下地走路，依然堅持繼續寫作。令人難以置信地是，她就是在病床上，用左手，寫完了晚年最重要的作品《露沙的路》和《思痛錄》。

一個身體疾患如此嚴重的女性，並沒有被病魔所擊敗，反而在生命的最後時刻，贏得了具有膽識、良知和智慧的健全人格。不能不說，這是生命的奇跡，更是精神生命的神跡。

1997年12月，韋君宜在協和醫院的病床上，過了八十歲生日。她已在醫院度過了三個年頭。身體不能動，嘴不能說，只靠鼻飼攝取食物，大小便都在床上。

詩人邵燕祥寫了〈賀韋君宜八秩大壽病中〉詩送給她：「洗過征塵洗腦筋，焚坑歲月劫餘人。已是痛定猶思痛，曾是身危不顧身。大夢方醒纏重病，蒼天若醉厄斯文。居然一事堪欣慰，贏得衰年史筆真。」

韋君宜的《思痛錄》，已成為二十世紀中國知識份子精神史中的一塊具有標誌性的界碑、一個不可代替的文化標本。

2002年2月1日，李慎之參加韋君宜追悼會時，在簽名簿上寫道：「《思痛錄》挽回了一代中國知識份子的尊嚴。《思痛錄》證明了中國知識份子的良知並沒有泯滅。總有一天，中國人將以從《思痛錄》中汲取到的力量打開通向民主的大門！」

在「付出了心靈中最痛苦的代價」以後，從苦難中堅韌地站立起來的韋君宜，一點一點把奴性從自己的血液裏擠出去，恢復了獨立思考的能力，達到了她所能達到的理性深度，進而獲得了一個純潔而高貴的魂靈。

《思痛錄》一書的手稿

2002年1月，韋君宜生命的最後時刻來到了。

20日上午10點，女兒楊團趕到醫院，打開答錄機，給母親播放剛剛錄好的抗日歌曲。當〈畢業歌〉、〈五月的鮮花〉響起來時，韋君宜睜大了眼睛，激動得一個勁兒地看著女兒，似乎忘了嘴裏還插著管子，下巴動起來，像要和女兒說話。

1991年，韋君宜在病床上接受《中國青年》雜誌社記者採訪。

聽著〈松花江上〉、〈長城謠〉、〈漁光曲〉等歌曲，她的眼睛裏噙滿了淚水；放〈到敵人的後方去〉、〈黃河大合唱〉時，她的精神顯得非常振奮；〈二月裏來〉的第一個樂段剛剛響起，她就幾乎是要從床上一躍而起，臉上露出臥床多年幾乎從未有過的欣喜；在〈延安頌〉的悠揚的歌聲中，她先是臉部動了一下，眼皮眨了一下，接著彷彿陷入了沉思。

26日，中午12點33分鐘，韋君宜心臟的跳動，終於停止了。楊團含著熱淚，繼續播放母親愛聽的這些歌曲，送她走向那個幽緲的世界……

在這一年將盡的深夜裏，獨坐在燈下，翻閱韋君宜蘸著血淚、用生命寫就的書，感受著她的愛與痛、誠與憤、思與憂，一個意象，忽然閃電般地掠過腦際：

一隻折斷翅膀的鳥！

一隻在折斷翅膀之後，仍堅韌地平復創傷，不屈地掙扎挺起，終於沖天而飛、振翮翱翔，以喑啞的喉嚨，發出高亢、嘹亮、激越的歌唱的鳥！

這不是張愛玲寫的繡在紫緞屏風上，年深月久，羽毛暗了、黴了，叫蟲子蛀了，死在上邊的鳥；也不是魯迅說的長期關在籠子裏，麻痺了翅膀，即使打開籠子，也飛不起來了的鳥；而是艾青〈我愛這土地〉詩中的鳥——

假如我是一隻鳥，

我也應該用嘶啞的喉嚨歌唱：

這被暴風雨所打擊著的土地，

這永遠洶湧著我們的悲憤的河流，

這無止息地吹刮著的激怒的風，

和那來自林間的無比溫柔的黎明……

——然後我死了，

連羽毛也腐爛在這土地裏面。

朦朧中，好像看見我們的韋老太，眼裏噙著淚花，在說：

「我心裏的痛苦會達到最深度。我從少年起立志參加革命，立志變革舊世界，難道是為了這個？」

「這是一部血淚凝成的歷史……希望這種悲劇在中國不再發生。」

又彷彿聽到，從高遠深邃的夜空，傳來了一個自由、美麗、高貴的精靈的歌聲，高亢，嘹亮，而激越……

2005年12月18日於北京朝內大街166號北窗下
2006年10月5日改定

秦兆陽

——何直文章驚海內

大型文學雜誌《當代》編輯部，在現代文學編輯室的樓下。我剛到人文社時，《當代》的主編是秦兆陽。我曾問一個老編輯：「這個秦兆陽，就是當年寫〈現實主義——廣闊的道路〉，署名『何直』的那個秦兆陽嗎？」他反問道：「那還有錯嗎？」

1986年4月16日，出版社在北京飯店舉行慶祝建社三十五周年暨「人民文學獎」頒獎大會，秦兆陽也出席了。他是獲獎者，獲獎作品是1984年在人文社出版的長篇小說《大地》。他坐在臺上，人瘦瘦的，頭髮花白，帶著深色鏡框的眼鏡。只遠遠地看過他這麼一次，此前此後，樓上樓下，竟未謀面。

1985年秦兆陽離休後，不再擔任副總編輯職務，雖仍然是《當代》主編，但他很少到社裏來，就再也沒有和他見面的機緣了。

在友人和同事的印象裏，秦兆陽「瘦長身軀，一臉深沉、凝重、寡言；常愛側身枯坐於不顯眼的地方，不慣或不肯在人前拋頭

露面」。他「性格內向，鬱鬱寡歡，難得有快樂的時候」。

有人注意到，在社裏的一次業務性會議上，他「動作頗拘謹」，「抽著煙，很留心地聽著別人的議論，目光隨著發言人的轉移而轉移，而他自己卻遲遲不講話」。在1978年人文社召開的長篇小說創作座談會上，他也發了言，「聲音徐緩，溫厚謙和，沒有文人堆中常見的慷慨激昂之詞」。

1980年1月，他和幾位作家去雲南和海南島訪問。一路上，他總是以一個姿勢坐在汽車的前座上，默默地吸煙，兩眼專注地凝視著窗外，別人的歡聲笑語，根本引不起他的一點興趣。

雖然，他在1979年第三次全國作家代表大會上被選為書記處書記，但他不參加作協書記處會議，也沒出席過人文社的黨委會，從不參與社裏的行政事務。給他專門準備的辦公室，他只去了兩次就再也不去了。挪威奧斯陸大學曾請他去講學，他婉言辭謝了。有一次作

秦兆陽上個世紀80年代末在北京北池子2號家中書房，牆上掛著他自己的字畫，旁邊放著他做的根雕。他畢業於延安魯藝美術系第一期，多才多藝，於書畫、根雕、篆刻藝術造詣頗深。

協安排他到義大利訪問，他執意不去，此後出國的事他不再與聞。

就是這個在眾人眼裏性格內斂、寡言少語、面容清癯的秦兆陽，在五十年代的那個多事之秋，曾經在文壇上掀起了一場軒然大波，成了一個萬眾矚目的人物。

他1916年出生於湖北黃岡一個貧寒的鄉村知識份子家庭，從小性格就很倔強，因此鄉親們給他起了個綽號「板大先生」。他說自己有「呆氣」、「板氣」，「又硬、又呆、又傻、又怪」，「傲視一切富有的人和勢利眼的人，傲視金錢，甚至傲視一切的人情禮俗」，「對失敗和挫折基本不後悔」。

在《人民文學》編輯部工作時，他的書桌上有一字幅，寫著「毀譽不計，榮辱自安」八個字。他的書房裏掛著他自己書寫的一副對聯：「猶有豪情似舊時，花開花落豈由之。」這正是他的人格和襟懷的寫照。

《大地》的責任編輯彭沁陽告訴我：「秦兆陽人很質樸，不喜歡虛的浮

秦兆陽著長篇小說《大地》，作者本人設計封面並題寫書名，人民文學出版社1984年6月出版。

的花的不實在的東西；和他在一起，心情特放鬆，他願意聽你講話；別看他平常沈默寡言，其實內心特別有激情，只要看到好稿子，一下子就會激動起來，不管不顧的。」

一次，一個作者的稿子他剛看了一半，就興奮不已地給編輯部的人打電話，請作者馬上到他家去談談。有時，他給作者寫信，一寫就是三四十頁。看到了一篇好稿子，發現了一個新作者，對他來說，是最愉快的事情。他說過，自己「太愛激動」，「愛思索愛放炮」，並認為這種性格，和自己一生的遭遇命運多少是有關係的。他後來的遭際，似乎給那句名言「性格即命運」提供了一個注腳。

1949年，他擔任了剛剛創刊的《人民文學》編輯部小說組組長。1955年反胡風時，《文藝報》進行改組，他被調去擔任常務編委。當時，《人民文學》的主編嚴文井，由於在1954年3月號的雜誌上刊登了路翎的短篇小說〈窪地上的「戰役」〉，受到了

1937年6月秦兆陽畢業於武昌鄉村師範學校，此為畢業證照。

批評，情緒低落，想撂挑子不幹了。作
協黨組副書記劉白羽找到蕭殷，請他到
《人民文學》做副主編，但蕭殷一心想
從事創作，沒有同意。劉轉而又找秦兆
陽，讓他來幹，他答應了。

　　秦兆陽被任命為《人民文學》副
主編，1955年11月從《文藝報》又回
了《人民文學》雜誌。似乎註定他要和
《人民文學》有割不斷的糾結，這真是
歷史的複雜和吊詭。

　　不久，人們便對這位主持編務的
三十九歲的副主編刮目相看了。

　　在編務會上，他以一貫的平和語
調，卻不無豪邁和激情地宣稱：要把
《人民文學》辦成像19世紀俄羅斯的
《祖國紀事》和《現代人》那樣的一流的
文學雜誌；編輯要有自己的理論主張；
編輯部要有共同的明確的思想傾向；要
不斷地推出新人新作……他設立了「創
作談」等新欄目，還親自撰寫「編後
記」，一步一步地朝著既定的目標前進。

　　他還雄心勃勃地起草了〈《人民文
學》改進計畫要點〉，本打算在《人民

1956年夏，已擔任《人民文學》常務副主
編的秦兆陽，在北京小羊宜賓胡同《人民
文學》編輯部門前，與主編嚴文井留影。

文學》雜誌上刊發，據說，由於作協領導的制止而未果。

這一年的《人民文學》，連續刊發了〈在橋樑工地上〉、〈本報內部消息〉（劉賓雁著），〈爬在旗桿上的人〉（耿簡即柳溪著），〈組織部新來的青年人〉（王蒙著），〈不要在人民的疾苦面前閉上眼睛〉（秋耘即黃秋耘著）等受到廣泛關注和引起熱烈反響的創作和批評作品。雜誌的印數一年內由十幾萬份增加到近二十萬份。他主持編務的這一年多，被認為是《人民文學》最好的時期之一。

「文藝為政治服務」的口號給創作帶來的消極後果，早已引起他的不滿。1953年6月，他就把自己在《人民文學》上發表的分析小說創作中公式化、概念化傾向的八篇文章，結集為《論公式化概念化》一書出版。

1956年5月26日，中共中央宣傳部部長陸定一在中南海懷仁堂，代表中央向知識界的兩千名代表發表談話，提出了「百花齊放，百家爭鳴」的方針。6

秦兆陽著《論公式化概念化》，收入八篇論文，人民文學出版社1953年6月出版。

月上中旬，作家協會黨組兩次開會，研究如何貫徹「雙百方針」，要求作協所屬刊物帶頭鳴放。

在會上，秦兆陽發言説；「作協的刊物不宜草率應付，應該善於提出像樣的學術問題。但要找人帶頭寫這樣的文章，很難。關於文學創作問題，我多年來積累了一些想法，想寫，卻不敢。」

劉白羽聽了，很高興地説：「寫嘛，寫出來大家看看。」

「重大政策出臺了，作協不能沒有聲音，沒有反映，」與會的中宣部文藝處處長林默涵也説道，並認為「這是對主席的態度問題」。

對寫文章鳴放的事，秦兆陽很慎重，沒有馬上動筆，而是在會後邀請《人民文學》的編委葛洛、何其芳、吳組緗、張天翼、嚴文井，專門進行了一次討論。他們聚在何其芳家裏，就此談得很熱烈。秦兆陽主要談了「社會主義現實主義」創作方法以及「文藝為政治服務」方針在文學創作中造成的種種弊端。何其芳講到「文藝為政治服務」問題解決不好，對貫徹「雙百方針」非常不利。嚴文井提到藝術規律問題、現實主義問題，很值得思考研究。

編委們的看法，使秦兆陽鼓足了勇氣，最終下了決心。在小羊宜賓3號的一間斗室裏，他冒著炎熱，揮汗如雨，趕寫出了幾萬字的〈現實主義——廣闊的道路〉的草稿。

先請另一位副主編葛洛看過，提了意見。經潤色加工，題目改成了〈解除教條主義的束縛〉。後在編輯部內傳閱，徵求大家的意見。秦兆陽接受了一位編輯的建議，文題仍叫〈現實主義——廣闊的道路〉，副題為「對於現實主義的再認識」。

文章又呈送周揚、劉白羽等人閱示，他們看後，並未明確表示贊成或者反對。7、8月間，秦兆陽專程去北戴河，對此文做最後的推敲。之後，以「何直」的筆名，在9月號的《人民文學》上刊出。

這是一篇討伐教條主義的檄文，對當時被奉為金科玉律的「社會主義現實主義」的創作方法，尖銳、大膽、針鋒相對地提出了質疑。文章剖析了「社會主義現實主義」的定義的「不夠科學」和「不合理性」，及其對文學創作造成的嚴重危害，認為「現實主義文學必須首先有一個標準」，那就是「它所達到的藝術性和真實性，以及在此基礎上所表現的思想性的高度」，「現實主義文學的思想性和傾向性，是生存於它的真實性和藝術性的血肉之中的」。

周勃在第12期《長江文藝》上，發表了題為〈論現實主義及其在社會主義時代的發展〉的文章，呼應秦兆陽對「社會主義現實主義」的質疑。

1956年9月號《人民文學》發表了秦兆陽的名文〈現實主義——廣闊的道路〉，由此引發了他的政治災難。這一期還刊發了王蒙的代表作〈組織部新來的青年人〉。

　　《文藝報》主編張光年在第24期《文藝報》上，發表了〈社會主義現實主義存在著、發展著〉一文，則對秦兆陽以及周勃進行了批評，認為他們的觀點是「取消社會主義現實主義」，而取消社會主義現實主義，「就是取消當代進步人類的一個最先進的文藝思潮」。

　　對於這樣的批評，秦兆陽覺得實在難以接受。沒想到自己響應黨的號召，貫徹「雙百方針」寫了篇文章，卻引起這麼大反響，竟被當成了政治性的問題。他感到，心裏像是壓上了一塊大石頭。

　　1957年1月，秦兆陽請假離開了《人民文學》編輯部。他想集中一段時間，好好學學哲學，以回答和反駁〈現實主義——廣闊的道路〉的批評者提出的問題。

　　在一次會上，他對周揚說：「社會主義現實主義定義，作為一個學術問題，難道不能討論嗎？我希望能將我的想法反映給毛主席，聽聽他老人家的意見。」周揚安慰他：「秦兆陽，你不要緊張嘛！」

　　3月6日，中國共產黨全國宣傳工作會議開幕了。會議開始之後的第三天，毛澤東邀集文藝界部分代表座談。周揚發言說：「秦兆陽用何直的名字，寫了一篇〈現實主義——廣闊的道路〉，有人批評他反對社會主義現實主義，他很緊張。」

　　毛澤東說：「社會主義現實主義這個問題，這次會議一時不能搞清楚，不能做結論，也用不著緊張，可以研究討論。」秦兆陽很快就從周揚那裏知道了毛的話，一顆懸著的心，這才放了下來。

　　秦兆陽一直主張，編輯不但要審稿、選稿、編發稿件，還要動手改稿。有些稿子，就是他改出來的。著名作家周立波發現以後，頗感意外：「嗨呀，原來秦兆陽就是這樣工作的啊！」〈組織部新來的青

年人〉發表前，就經過了他認真、細緻的修改和加工。

然而，中宣部編印的內部刊物《宣教動態》上，刊登了關於《人民文學》編輯部修改王蒙這篇小說的報導，毛澤東看了之後，大為震怒，說這是「缺德」、「損陰功」，主張要進行公開批評。秦兆陽為此又緊張起來。周揚則認為，共產黨員總是經常受批評的，受到批評就有情緒，這是一種「小資產階級的軟弱」。

4月16日上午，作家協會書記處召開會議，初步決定以《人民文學》發表編輯部討論會記錄的方式，將編輯部修改王蒙小說之事公佈。4月21日上午，作協黨組又開會研究此事究竟如何處理。4月30日和5月6日，作協書記處召開了文學期刊編輯工作座談會，認為對〈組織部新來的青年人〉的修改是「錯誤的」，在會上作為重點進行了討論。秦兆陽專門準備了一個發言稿，會前經擔任作協黨組副書記的詩人郭小川審閱過。

1952年，在北京東總布胡同22號院子裏，秦兆陽與家人及外甥女合影，妻子張克懷裏抱著女兒曉晴和燕子。

會議認為，秦兆陽對小說文本的修改，強化了作品中的缺點和錯誤。作者王蒙在會上發言說，修改使小說更精練、更完整了，但也使「不健康情緒更加明確了」。

秦兆陽從三個方面，檢討了修改的問題：刪去了原稿結尾時林震多少有些覺悟，意識到僅憑個人的力量是不行的一段文字；原稿並未明確區委書記是好是壞，趙慧文說過他是個「可尊敬的同志」，他最後還派通訊員三次去找林震，修改中刪去這些文字之後，此人便有可能給人以官僚主義者的印象；修改後林震和趙慧文的愛情關係明確了。

對於秦兆陽的修改加工，王蒙在發言中雖然也表示了某種肯定，但從整體上他是不滿意的。他說，原來他是想寫林震和趙慧文兩個人交往過程中，「感情的輕微的困惑與迅速的自製」，但是，經過編者增補的若干文字和結尾的大段描寫，「就『明確』成了悲劇式的愛情了」。他還希望編輯在處理稿子時，多幾分社會主義同志態度，少幾分商人氣、江湖氣。

張光年在稍後寫的〈應當老實些〉一文中，也指責編者「刪去了原稿中隱約透露出來的那個區委會的一線光明」，「重行改寫了這篇小說的結尾，尤其突出了林震對黨組織的悲觀絕望的情緒……從而強調了這篇小說的消極方面」。

近半個世紀後，王蒙在他的自傳第一部《半生多事》中寫道：「我的原稿頭一段是這樣寫的：『三月，天上落下的似雨似雪……』，我以『天上落下的』作主語，省略了落下的『東西』二字，我喜歡這樣的造句。發表出來改成了『天上落下了似雨似雪的東西』。我不明白，為什麼改得這樣不文學。」

結果，1957年5月9日的《人民日報》，以〈《人民文學》編輯部對「組織部新來的青年人」原稿的修改情況〉為題，將這篇小說的修改詳情公之於眾。

4月間，由於秦兆陽不贊成「不要立場，不要頭腦清醒，對名人來稿一律照登」的「鳴放」原則，被當做教條主義批評了十來天，一氣之下，他請假去了北戴河。時間剛進5月，北戴河還沒有遊人，他一個人住在作家協會的一幢小樓裏，寂寞而又鬱悶。除了出去散步，看日出，就是關在屋子裏，讀書，寫小說。

5月14日，劉白羽在北京對郭小川說，秦兆陽認為這次揭露《人民文學》事件，是周揚為了過關，所以首先拿《人民文學》做犧牲品。劉忿忿地說：「這完全是誅心之論。」

此時，北京文藝界正在緊鑼密鼓地對所謂「丁（玲）陳（企霞）反黨集團」進行批判鬥爭，作協黨組副書記邵荃麟專門致函秦兆陽，希望作協黨組成

「文革」結束後，秦兆陽為妻子張克所做臉部側面剪影。

員的他回京。他兩度覆信，對周揚、劉白羽等人進行了直言不諱的批評，明確表示反對「宗派主義」的「明爭暗鬥」，拒絕回去參加這種傷害同志、破壞團結的「鬥爭」，說「我個人在這一鬥爭中不屬於任何一派，我對任何一派都有意見，如果不是為了黨的利益，我是不會提這些意見的」。

「識時務者為俊傑。」不識時務的、狷介的秦兆陽，是一個有原則的人。在是非面前，他的態度是鮮明的。他不可能放棄自己的做人原則和黨性原則，而去做一個「識時務」的聰明人和政治投機者。

但就是這兩封信，給他種下了「極大的禍根」。過了一段時間，〈現實主義──廣闊的道路〉一文，突然被拿了出來，當做批判的重點。這是秦兆陽所始料不及的。

1958年5月3日，《人民日報》發表林默涵的〈現實主義，還是修正主義？〉一文，認為〈現實主義──廣闊的道路〉「在反對教條主義的幌子下，攻擊文學上的馬克思主義的根本原則」，是「一個系統的修正主義的文藝綱領」，「不僅是為了反對社會主義文學，而且是為了反對社會主義制度」，作者是這一時期「大風浪中出現的一個最有系統的文藝理論上的修正主義者」。

後來成為「四人幫」的筆桿子的姚文元，在1958年第3期《文學研究》上發表〈駁秦兆陽為資產階級政治服務的理論〉，甚至說「秦兆陽的『理論』和國際修正主義者是一隻褲筒裏的貨色」，「他實際上是國際修正主義的『傳聲筒』，帝國主義在文藝領域的代理人」。

秦兆陽主持下的《人民文學》雜誌，也被認為是犯了嚴重的錯誤。10月號的《人民文學》轉載了首發於《中國青年報》的李希凡

的批判文章〈從「本報內部消息」開始的一股創作上的逆流〉，認為《人民文學》雜誌「從理論到實際編輯工作」，為1956年以來文藝創作上出現的一股「反黨的逆流」推波助瀾。李希凡還不點名地把批判鋒芒指向秦兆陽：「《人民文學》的某些編者是修正主義理論的首倡者，也是這些作品的推薦者和修改者。」

從1958年1月至7月，作協連續召開秦兆陽批判會，長達半年之久。還印了三輯《秦兆陽言論》，以供批判。這場喧囂一時的大批判，以劉白羽在作協黨組擴大會議上做總結性的發言〈秦兆陽的破產〉而告落幕。劉白羽義憤填膺地宣稱：我們與「秦兆陽這個徹頭徹尾的現代修正主義者」的鬥爭，「是一場根本不可調和的鬥爭」。

1958年4月12日下午，作協黨組開會做出決定，把秦兆陽補劃為「資產階級右派分子」。

在7月25日宣佈他被開除黨籍的前兩天，劉白羽告訴他，他的結論材料已經交上去了，大概很快就會批下來。意思顯然是，讓他不要再抱幻想了。

秦兆陽如五雷轟頂，如墜萬丈深淵。

當天晚上，他躺在床上，望著深不可測的漆黑的夜，一夜沒有合眼。天不亮，他就爬起來，悄悄地穿上衣服，像遊魂一樣出了門，身不由己地在附近的胡同裏遊蕩。

天色濛濛發亮的時候，他鬼使神差地走到了劉白羽家的門外。

他站了一會，才抬起手來，敲了敲門。

「誰？」好半天，屋裏才問了一聲。

「我。」

裏邊半天沒有動靜。他只好在房簷下坐下來等，感到屁股下的石階一片冰冷。

又過了好一會，屋裏傳出了起床聲，窸窸窣窣的穿衣聲、穿拖鞋聲、劉和夫人的說話聲。之後，門打開了，劉露出半個高大的身子來，說：

「你，還能為人民服務嘛！」

秦兆陽的心猛地沉了下去，渾身發冷，幾乎顫抖起來，淚水一下子湧出來。他轉過身，剛要走，突然，有人伸手死死地抓住了他的胳膊。

「我……發現床上沒有人，就……趕緊出來，悄悄地，跟著你……你是想最後再求求他嗎？死了心吧！沒指望了！」

是他的妻子，理解他、心疼他、牽掛他的妻子。

夫妻倆一起走出院子，站在寂靜無聲的胡同裏，抱頭痛哭……

秦兆陽被帶上了一頂那個年代知識份子特有的「荊冠」，有如「心被摘掉了！靈魂無依了！」「老胃病犯了，身體垮了，精神潰了」。

絕望中，他想起了馬雅可夫斯基悼葉賽寧的詩：「死，容易；／活著，／困難。」他咀嚼著，體味著，又在後面續寫了兩句：「只有直面困難，／才是真正的勇敢！」

幾個月後，他被從首善之區的京城，發配到唐代大文豪柳宗元的貶謫之地柳州的機械廠，開始了他的「勞動改造」生涯。從此以後近二十年，女兒秦晴沒有在父親的臉上看到過笑容。

1961年冬，他被摘去「右派」帽子，但沒有恢復黨籍。為此，他不知痛哭過多少回。他這個自稱是「不斷地用痛苦對自己進行精神折

磨的脆弱的人」，一直哭到1979年被
「改正」。但淚水似乎並沒有稀釋他
的痛苦，有兩三回，竟然哭出了嚴重
的眼病！

　　摘帽後，他也曾想北上回京，但
又很猶豫。1991年10月28日，在接受
陳徒手關於郭小川1959年挨整情況的
訪談時，他説，郭小川有一次找我談
話，説「你在信中為丁玲説話，闖了大
禍」；「作協太黑暗了，弄得亂七八
糟，我一想起這些事就難受」。他擔心
自己和當年整他的某些人難以共事，一
旦歸去，會落得個「冠蓋滿京華，斯人
獨憔悴」的淒慘境地，還不如留下來。
於是，他決定留在廣西，把妻子從京城
接來，在偏遠的柳州安家落戶。兒女們
則留在北京。

　　不久，他暗暗發下宏願，要寫一部
蕭洛霍夫的《靜靜的頓河》那樣的巨著，
就悄悄地悶著頭寫起小説來。這就是著力
挖掘和描寫貧苦農民的革命力量，充滿
了慷慨悲歌的英雄主義精神和理想主義氣
息，長達四十餘萬字的長篇小説《不平的

解放初期，風華正茂的秦兆陽和妻子
張克攝於北京。

平原》。後來，又曾改題為《兩輩人》。
出版時，書名定為《大地》。

　　直到1979年3月，他的「右派」問
題徹底「改正」之後，他才得以重返闊
別了二十年的北京。他不願意再回到讓
他傷心、痛心、寒心的作協。他做《人
民文學》副主編時掛名主編的嚴文井，
已從幹校回人文社主持工作，他和韋君
宜都歡迎秦兆陽到人文社工作。這樣，
秦兆陽就到了人文社，擔任剛剛創刊的
《當代》雜誌主編，第二年又擔任了副
總編輯。

1964年8月底秦兆陽攝於北京頤和
園十七孔橋頭，其時他已摘掉「右
派」帽子，正在創作長篇小說《兩
輩人》（後改名為《大地》），從
柳州回京住了幾個月。

　　在他這位眾望所歸的主編的率領
下，《當代》雜誌形成了「嚴肅、深
刻、尖銳、厚重」的風格，成為二十多
年來中國大陸最具影響力的大型文學期
刊之一，刊發了《芙蓉鎮》、《活動變
人形》、《古船》、《白鹿原》等一系
列「新時期」文學名著。古華的小說
《芙蓉鎮》原名《遙遠的山鎮》，作者
後來改為《芙蓉姐》，《當代》發表
時，由秦兆陽定為《芙蓉鎮》。

秦兆陽是很早就參加了中國共產黨領導的革命,從延安和解放區走進新中國的文藝工作者,始終懷有一種繫於國家、民族的憂患意識,始終懷有強烈的政治責任感和社會使命感。他是把自己的編輯工作,主持《人民文學》和《當代》雜誌的工作,當做一項與國家和民族的命運緊密相連、不可或缺的事業,來對待、來追求的。

這是秦兆陽的一個鮮明特點,也是和他經歷類似的那代人的共同點。

他還像在《人民文學》工作時一樣,在家裏讀書、寫作、看稿子,經常接待年輕作者,給新作者寫信,談修改意見,有些稿子仍然親自動手修改。直至去世的前一天,他還讓女兒為他讀《當代》上的文章……

他這一生所寫的理論批評文章、長中短篇小說和散文,加起來已有數百萬字。還留下了十幾本戰地筆記,是抗戰時期他在北平、天津、保定三角地帶,從事遊擊戰爭時隨手記下的,非常珍貴。

但他不喜歡別人稱他是「作家」,說如果一個人非要有個頭銜的話,「我倒覺得『銜』我以『編輯』二字更為恰當」。他是以自己幹了一輩子編輯工作為自豪的。他把自己的包括看稿、改稿、退稿、編稿、談稿、約稿在內的工作,稱為「磨稿」,並有詩歎云:

磨稿億萬言,
多少悲歡淚。
休云編者癡,
我識其中味。

1994年10月的一天，正在編輯室
的北窗下伏案發稿，忽然聽到了秦兆陽
不幸病逝的消息，放下筆，黯然久之。

他1938年就奔赴延安，先後進入
陝北公學分校和魯迅藝術學院美術系學
習，後到華北聯大美術系任教，四十年
代在冀中前線從事異常艱苦的革命文藝
工作；五十年代他主持《人民文學》的
工作，「新時期」以來又執掌《當代》
的帥印。作為一個文學編輯，他在半
個世紀的生命旅程中，與當代中國文
壇的兩個極具影響力的文學刊物都命
運攸關。

90年代初在北京北池子2號家中辦公

> 我走了一輩子路，深知走路之難。
> 我做了一輩子事，深知做事之難。

晚年，秦兆陽在一篇散文中，發出
了這樣的浩歎。

他一生的榮辱、悲喜與沉浮，簡
直折射著一部波詭雲譎的中國當代文
學史。

想到此，不禁喟然歎息：一個文學時代，「果戈理到中國也要苦悶的時代」（陳白塵語），隨著秦兆陽的辭世，也許永遠地消逝了。

2006年1月21日於北京朝內大街166號北窗下
9月12日改定

嚴文井

——「一切都終歸於沒有」

1983年10月，嚴文井從社長職位上卸任，所以，我1984年底到人文社後，一直沒有見過這位以童話和散文創作享譽文壇的老社長。

十多年之後，終於有了一個機會：為了撰寫一本關於延安魯迅藝術學院的書，1996年2月27日晚，我專程到紅廟北里他的寓所去訪問他。

嚴文井把我迎進門，我跟著他，走進客廳旁邊的一間屋子。這是個長條型的小房間，充其量不過十平米，一床一桌已經夠擁擠了，床邊又堆著書，還有滿滿當當的書架，更顯得狹窄局促雜亂。他沒有在放著沙發的客廳，而是在這個過於狹小的臥室兼書房，接待我的來訪。

眼前的他，已不是在延安文藝座談會與會者，和毛澤東、朱德等中共中央領導人的合影上，所能看到的那個滿頭黑髮的魯藝文學系教師了，而是一位有著所謂「蘇格拉底式的謝頂」、長著又圓又大的額頭的地地道道的「童話爺爺」。

　　記得在〈《嚴文井散文選》前言〉裏，他説過這樣一句話：「有位老上司過去曾批評我這個人好用懷疑的眼光看人。」我就問他，「這個老上司是周揚嗎？」

　　「當然是他嘍。」他的回答中有那麼一點不易察覺的弦外之音。

　　他回憶説：「抗戰勝利後離開延安時，周揚問我對魯藝有什麼意見，我説就是搶救運動不太好，不應該那麼搞。周揚竟然很吃驚，説你還有意見！意思是你又沒有被『搶救』，你有什麼意見？」

　　五十年代初，他又成了周揚的部下。他奉命起草的某些公文，周揚常常是不滿意的。因為他既不善於揣摩上司的意圖而投其所好，又不能完全放棄自己的想法。他也因此沒有得到賞識和信賴而被提拔重用。

晚年嚴文井

　　穿著深藍色中山裝的嚴文井，衣襟上有明顯的油漬，肩上散落著頭皮屑。一隻黑白貓不時地在我們倆周圍踱來踱去，在他身上爬上爬下。他任憑這隻貓

不斷地在身上膩，偶爾耐心地和它說兩
句話，很親昵，沒有一點厭煩，就像貓
是他所溺愛的一個孩子。

　　他的寬大的額頭裏，似乎承載著
太多的往事、舊事、故事，但是，他並
不願意多談、長談、深談。他說話時的
語調，帶有一絲不經意流露出來的嘲諷
的意味。即使是他的幽默裏，也含有一
種淡淡的苦澀的味道。從他日漸衰老的
身體裏，從他那外人無法窺視的心靈深
處，好像發散出一股「曾經滄海」的倦
怠、疲累和淡然、漠然的氣息，蘊藏著
一種意欲擺脫而又無法超然、想置諸腦
後而又不能完全釋懷的東西。

1986年，嚴文井訪日時到作家水上
勉家中做客。

　　擔任過人文社副社長的許覺民，曾
勸他寫一點回憶錄，他不肯，說「不好
寫」。韋君宜出版了《思痛錄》之後，
社裏的一些老同事多次建議他像韋君宜
一樣，寫寫自己的經歷。他卻說：「那
時我在延安，韋君宜在綏德，延安的事
情，她知道得並不多嘛。」

　　嚴文井沒有留下一部豐繁厚實的回
憶錄，就走完了悲歡憂樂、跌宕起伏的

滄桑人生，被很多人視為一樁憾事。的確很遺憾！

由於他的夫人身體欠安，我的訪談匆匆結束了。隔了兩天，我又去了一次，情況和第一次大致相仿。於是不免有些失望：那個在同事們口碑裏講話漂亮，談吐幽默，很少八股調，官氣沒有壓倒文氣，充滿智慧的社長嚴文井，哪兒去啦？

懷著這一份迷惑、好奇和追問，我開始細讀他的散文、童話、小說，以及他2005年7月20日逝世以後人們所寫的一些悼念文章，試圖探尋他的人生履歷與精神世界。

「如果我父親嚴奇安，我母親朱芷馨當年對各自配偶的選擇稍稍有一點變化，世界上根本就不會有我這麼一個人。」在〈未完成的畸形小傳〉中，嚴文井曾以他所特有的幽默這樣寫道。他1915年10月15日生於武昌。從小學三年級起，他接連閱讀了《西遊記》、《鏡花緣》、《老殘遊記》、《儒林外史》、《紅樓夢》等中國古代長篇小

父親四十歲時，全家合影（右一為少年嚴文井）。

説。上初一時，讀了魯迅的《吶喊》等
新文學作品。高中時代他接觸了安徒生
的童話，被其中強烈、優美的詩意所感
動。高二的時候，他有了寫作的衝動，
以「青蔓」為筆名，將一組短文寄給
《武漢日報》的副刊「鸚鵡洲」。

　　沒過幾天文章就發表了，編者還
專門登了一則啟事：歡迎「青蔓先生」
「源源賜稿」云云。他接著向《武漢日
報》以及其他報紙不斷地投稿，不到半
年就儼然成了一個「青年作者」。他把
大量時間花在寫作上，學習成績因而下
降了。1934年夏天高中畢業後，他報
考了幾個大學都沒考上。在北平圖書館
工作的堂兄，幫他在館裏找了一份月薪
二十五元的職業，1935年春天，他隻
身一人來到了古老的富於魅力的北平。

　　在北平他沒有朋友，業餘時間也沒
有什麼活動，甚至連頤和園都沒去過，
只是沉湎於自己的文學夢之中，一門心
思讀外國文學名著。不久，他又寫起了
散文，寄了幾篇給他欽佩的《大公報》
「文藝」週刊的主編沈從文。沈沒有採

嚴文井初中畢業時在同學錄中
留下的影像

用他的稿子，但也沒退稿，而是給他回了一封短信，批評他寫得太多太快，勸他文章寫好後，要多修改幾遍，不要急於寄出。

「多修改幾遍，」從此就成了他終身遵守的寫作準則。後來，他總是說，自己是沈從文的學生。

這些署名「嚴文井」的文章，先後在蕭乾主編的《大公報》「文藝」副刊和凌叔華主編的《武漢日報》「文藝」副刊上發表出來。之後，蕭乾又把他的文章介紹給主編《文季月刊》的靳以。靳以在上海良友出版公司主編的一套散文叢書中，收入了嚴文井的《山寺暮》，1937年春出版。

由於蕭乾的介紹，他認識了劉祖春、黃照、楊剛和張桂等人。他後來去延安，就是受到了楊剛和張桂的一些影響。他成了京派作家群中的新人，一兩個月就參加一次沈從文在北海或中山公園，邀約年輕作者們參加的聚會，和大家一起喝茶交談。

嚴文井第一本散文集《山寺暮》，責任編輯靳以，上海良友圖書印刷公司1937年6月出版。

後來，他乾脆辭去了北平圖書館的職業，想從事「專業寫作」。可是沒過幾個月，蘆溝橋的槍炮聲就響起來了，他的「職業作家」的生涯於是畫上了句號。

1937年7月14日，他匆匆離開北平，於8月份回到了武漢家中。他改變了原來「對政治冷淡」的態度，11月初秘密離家，和一群武漢大學的學生一起，前往延安。第二年5月進入延安抗日軍政大學學習，7月加入中國共產黨，10月到陝甘寧邊區文化協會文藝小組從事創作，年底調入魯藝文學系任教。

嚴文井是從延安那片黃色聖土走進新中國紅色大門的作家，但他和一般的解放區作家似乎又有所不同。從京派作家的大本營北平登上文壇，曾經追求華麗文風的他，在橋兒溝魯藝的東山窯洞裏，開始寫起了童話和寓言，從1940年到1941年一口氣寫了好幾篇。

那時，他的第一個孩子就要降生了，身邊又不乏像他一樣快要做父親的同事，他想把自己寫的童話和寓言作為最美好、最珍貴的禮物，獻給即將出生的、未來的新中國的小主人們。

這些作品裏有諷刺，也有朦朧的幻想和熱烈的情感。有的還在以何其芳為首的窯洞文藝沙龍裏朗誦過。延安文藝座談會以後，這些怕是也被視為「小資產階級情調」了吧？他發表在《解放日報》上的短篇小說〈羅於同志的散步〉和〈一個釘子〉，不是被批評為寫「身邊瑣事」，「有招致離開現實主義以及階級意識形態論的危險」嗎？

1945年8月抗戰勝利以後，嚴文井參加了「東北文藝工作團」，經過長途跋涉，9月到達東北。年底擔任《東北日報》副總編輯兼副刊部主任，親歷了東北地區天翻地覆的歷史大變革。他在廣闊的松遼

平原的黑土地上，留下了自己的足跡，若干烏黑的頭髮，和一個閃著光亮的夢。那是他青春年華的一個美好的部分。

1951年春他奉命調到北京，任中共中央宣傳部文藝處副處長。由於他不擅長起草紅頭文件，從1952年年底起就調離了中宣部，去籌建作協。他先後擔任作協黨組副書記、《人民文學》主編等職務。1961年又以作協書記處書記的身份，兼任人文社社長、總編輯職務。幾乎文藝界所有重大的歷史事件和嚴酷的政治運動，他都是參與者、目擊者和見證者。

在童話集《南南和鬍子伯伯》的後記中，他感慨不已地寫道：「十八年時間，寫了十九篇這樣的作品，平均一年寫一篇多一點，真是太少！」為什麼寫得這麼少呢？他說自己「基本上都是在打雜」，「名為文學工作者，實則除少量八股文外很難有真正的創作」，「我這個『作家』大半輩子都不是在寫作，而是在做雜七雜八的工作」。

1945年8月31日，東北文藝工作團出發前一天合影於延安（二排右三為嚴文井）。

作為一個作家，由於他長期置身於作協的權力中心，不得不遵命寫一些「大批判文章」（比如，對「丁（玲）陳（企霞）反黨集團」進行「再批判」時，他寫過〈羅烽的「短劍」指向哪裡？〉），後來又寫了大量的「思想彙報」、「自我檢查」、「交代材料」，「文革」結束時「還保留了足足一木箱」。

所以，回首過去的時候，他說自己「時常做一些蠢事」，「做過荒唐的事情，錯誤的事情」。

但他並不是那種在權力中心如魚得水、左右逢源的人。他從不趨炎附勢，主動整人。做表態性批判發言時，也從未疾言厲色。在一次批鬥丁玲的會上，別人的發言都是政治性批判，言辭激烈，火藥味濃得很。輪到他發言了，卻突然冒出一句「陳明配不上丁玲」來，引來哄堂大笑。

1962年9月，毛澤東提出階級鬥爭要年年月月天天講，階級鬥爭的弦一下子又繃緊了。在作協的一次會議上，他不得不做了一番檢討：

「春天，我看見一個穿紅衣的少女騎著自行車從林蔭道上過來，我感受到一種詩意和美……安排上半年工作時，我估摸大概沒有什麼事了，可以幹點正事了……」

這樣的「檢討」怎麼會通過呢？果然，不久即遭到批判，說他「鼓吹階級鬥爭熄滅論」，還給他戴了兩頂帽子：「閒適派文人」、「資產階級老爺」。

「文革」中他成了「走資派」，接連登臺示眾，掛了黑牌，罰了跪，跪粗沙子和玻璃碴，被強制低頭彎腰，認罪。他後來說：「長時間的低頭彎腰是一種高難度的技巧動作。」

他習慣了說「我有罪」，甚至還想說「我根本就不配出生到這個世界上來」。只是由於膽小，才沒敢說。

「作協革委會」的武裝力量「紅衛兵」抄了他的家。一群戴著紅袖章的彪形大漢，吶喊著衝了進來。字畫、圖書等等被他們當做「四舊」，用被單、床單捆了六七個大包，席捲而去。還順手牽羊，拿走了他妻子的衣服、頭巾、新毛巾、肥皂和牙膏，以及幾雙新襪子……

三年後，他被發配到湖北咸寧「五七幹校」，架轅拉大車，拉糧，拉煤，幹重體力活。

有一次，許覺民在路上挑著擔子，正巧看見嚴文井拉車下坡。那一段路坡度很陡，嚴文井駕著大車，從高處奔馳而下，到了坡底，全憑體力和手勁把車剎住，萬一剎不住車，後果不堪設想。看得許覺民驚心動魄。

過後，許覺民問他，倘若失手，又將如何？

嚴文井在讀雜誌，他的愛貓歡歡在安詳地趴在沙發上。

嚴文井笑笑說：「不妨事的，有人以為我幹不了這，我偏要幹給他看看，這是難不倒我的，倒是拉一車，歇下來困得很，倘有口白酒喝喝，可以解乏，可惜沒有。」

後來，提起那段連童話也幾乎遭到禁止的歲月，他說，那簡直「是一個漫長的噩夢，醒來時也還擺不脫驚悸」。

對於「左」的禍害和遺毒，嚴文井有著椎心刺骨、痛徹肺腑的經歷與感受。他也曾經「左」過，在「左」的潮流中，亦不免隨波逐瀾。他的胞弟，當年跟隨他一起奔赴延安，在「搶救運動」中被無端地懷疑為「國民黨特務」，交給了在「魯藝」教書的長兄來「教育」、「挽救」。嚴文井對不肯違心承認自己是「特務」的胞弟說：「黨有黨紀，家有家法」，還揮起了拳頭來教訓他。之後，他的胞弟被逼自殺，所幸未死，但落下了精神疾患。嚴文井為此而痛悔終生、罪疚終生。

「神話時代已經結束」，從漫長噩夢中終於醒來的嚴文井說，「我們可以不再向老龍磕頭了」。還說，他二十二歲的時候，「幾乎是一個懷疑派；經過了漫長的不懷疑的歲月之後，我重又感到了『懷疑』的一定價值，我把『懷疑』當作認真分辨和深入思考的同義語」。他對幸福的理解就是，「一個一個疑問相繼得到解答」。

不僅如此，他的文章裏還充滿了自省和自我剖析：「我這個人又柔弱又剛強，是二者的矛盾統一體」；「我的失察是由於我身上那種沒有去掉的阿Q精神造成的」；「我從來不想害人，我的靈魂是軟弱的，與人為善的。我也做過錯事，如今想起是很愧悔難受的。」

他說，「我聽了一輩子訓斥」，「我的過失已經不可挽回」，希望讀者能從他的文字中，讀出這些悔恨，代他彌補。

他還畫了一幅自畫像〈嚴文井自剖〉，鄭重地鈐上了自己的印章，複印了好多張，分贈給同事和朋友。這幅自畫像意味深長，嘴和臉都扭曲了，實際上是他內心痛苦的一種抒發，也可以說是他和他同時代知識份子的一幅精神肖像。

在致小說《爸爸爸》的作者韓少功的信中，他寫道：「你描畫的這個白癡現在一直在威嚇我，令我不斷反省我是不是一個上了年紀的丙崽」，還說要「警惕我自己」。

懷疑、自省之外，他的作品裏還多了自嘲：「我這個人太世故」；「我這個人很笨，也不太風雅⋯⋯有點像《儒林外史》中的馬二先生」；「我是個沒有出息的作家」。他還說自己「沒有才氣」，「膽小，老怕說錯話」，是「一個醜老鴨」，是「一只又乾又皺的小小的蘋果」。

只有睿智的人，才喜歡自嘲，也敢於自嘲。自嘲，恐怕也是擁有反思能力的一個標誌。而在嚴文井的自嘲中，似

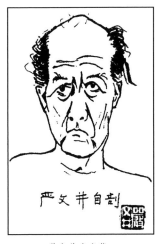

嚴文井自畫像

乎還可以品咂出一絲苦味來。與同時代的作家相比，他的這一點格外突出。

1973年，嚴文井從「幹校」返回北京，擔任人文社臨時黨委書記，重新主持工作。在極左思潮仍甚囂塵上的嚴峻局勢下，他和韋君宜率領全社員工，在異常艱難中，克服重重阻力，逐漸恢復了編輯出版業務。一年以後，人文社的出書品種，便從二十七個迅速增加到一百二十三個。

1979年，在他和韋君宜的領導下，人文社在京召開了中長篇小說創作座談會，幾十個當時最活躍的小說作家出席了會議，胡耀邦、茅盾、周揚也蒞臨講話。這次會議促進了作家的思想解放，對「新時期」文學創作產生了積極而深刻的影響。人文社成了文學界解放思想、繁榮創作的一個重鎮。

1980年4月，人文社籌備編輯出版兒童文學刊物《朝花》，他對參與籌辦的屠岸說：「不要老是灌輸『階級教育』了……應該對少年兒童講講人性和人道主義。人道主義的旗幟為什麼奉送給資產階級？」

八十年代之後，中國文壇出現了新的格局、新的手法和新的氣象。對於一些受到歐美現代主義、拉美魔幻現實主義文學影響的作家作品，有人茫然，有人憂慮，有人反對，更有甚者，還和階級鬥爭掛上了鉤，恨不得食肉寢皮。嚴文井卻持一種歡迎態度。他愛讀王蒙的小說，也愛讀殘雪的小說，覺得很新鮮，無論手法、結構還是語言，他都能接受。

他對許覺民表示，不知為什麼，有人看了這樣的作品就反對，還視為洪水猛獸，他們不懂得，文學藝術沒有流派，是永遠也不會發達

的。許笑著對他說：「你要是當起文藝的領導來，文藝一定會活潑了。」他說：「那不行，我還得照別人說的話去說，不過，我個人的愛好，別人卻無法來剝奪。」

1980年夏，他讀了王蒙的被認為是「現代派」的「實驗小說」〈海的夢〉，立即致函作者，肯定和讚賞這篇具有濃郁詩意的作品，表示支援王蒙的創新。而寫此信，是冒了「被側目的危險」的，甚至有人勸告他「何必表這樣的態」。

對於引起很大爭論的所謂「朦朧詩」，他認為，不能一概否定。他說「意識流」不是什麼新玩意兒，所以他贊成作家寫人物的內心獨白。1982年，他寫了〈美，在變動中〉一文，為文學創新，為嘗試新的更好的藝術表現方式的合理性、必要性，進行辯護。他指出：「大家都來探索，辨別，總比幾個人的武斷要強得多。」

嚴文井對文學創新的敏感、熱情與期待，吸引了很多在文壇、詩壇十分活

嚴文井在東總布胡同46號家中書房裏

躍的年輕作家和詩人，匯集在他的身邊。他們都剛剛在傳統和成見的力量還很強大的文學界嶄露頭角，特別需要前輩作家的寬容、理解與支持。在他們眼裏，能夠閱讀英語文學原著的嚴文井，是一個慈和而智慧的「文學保姆」。

他在東總布胡同的家，成了小說家李陀、陳建功、鄭萬隆等人經常光顧的「沙龍」。北島、顧城、歐陽江河、楊煉、芒克等青年詩人，也是這裏的常客。楊煉辦理出國手續遇到了困難，還得到過他的幫助。

1985年8月，嚴文井在《文藝報》公開發表了致韓少功的信〈我是不是個上了年級的丙崽？〉，熱情地肯定和支持青年一代的小說創作和藝術思索。不料，此事被上邊當做「資產階級自由化」的表現，點了名。

然而，聲稱「聽了一輩子訓斥，也不喜歡任何人在作品裏繼續訓斥我，尤其接受不了那些淺薄之輩引用自己並未讀懂的中外聖人的隻言片語來嚇唬人或討好人」的嚴文井，仍然繼續關注和支持對小說藝術的探索和創新。1986年，他為上海文藝出版社、香港三聯書店出版的《探索小說集》撰寫了序言，其中寫道：「近幾年，小說又發達起來了，我不知道這是不是一件好事。還有人提出了『探索』和『創新』種種說法，大有異端邪說的味道。不過，上帝既然恩賜了我們各自一個腦袋，各人也都不妨稍稍想一想。」

有一回，他當面對擔任作協領導職務的人說：「很多我們當年犯過的錯誤，你們還在犯！」說者痛心，聽者亦不免有些驚心。

對於自己主持的人文社的工作，嚴文井並不是事必躬親，而是相當超脫的。他放權、放手、放心地讓部下和同事去幹，是一種近乎「無為而治」的工作作風。

經了風雨、見了世面幾十年之後，他對人，對人性，對人生的虛妄，對人的局限性和悲劇性，對政治，對歷史，對政治的凶險，對歷史的荒誕，認識得更深刻了、更透徹了。

他似乎獲得了一種心智的澄明，有了一種大徹大悟，但又依然有深深的惶惑。他的幽默裏，就有這惶惑在。

他寫過一個年輕人，「他渴望美，卻看見了醜，只有從醜惡與醜惡之間的縫隙中看到一些美。他感到困惑」。我覺得他寫的，也是他自己。

五十年代初嚴文井進京後，在被稱為「大醬缸」的東總布胡同46號作協宿舍，住了很長時間。幾番雨打風吹，他看到一些「高級作家」榮升當官了，一些「機靈人」「弄巧成巧」或弄巧成拙地離開了，一些作家被放逐了，一些作家死去了。他瞭解當年「大醬缸」裏的一貫行情，他熟悉那些風雲人物，但沒有寫過他們，卻懷著柔和的心，描寫了從山西山溝溝裏走出來，住進這裏以後並不自在的「鄉巴佬」作家趙樹理。

他寫了這位早已在全國大名鼎鼎的「土頭土腦的老趙」，由於兒子沒能分到上重點小學「育才小學」的名額而自打耳光、放聲哭泣的自我發洩；寫了與一般都是三十年代在上海或北京薰陶過的可以稱之為「洋」的有來歷的「官兒們」相比，「老趙」在「大醬缸」裏算不上個老幾的「二等公民」的地位。

這些發生在著名鄉土作家趙樹理身上的小故事，與時代的潮流相比，既不浪漫，也沒有詩意，太雞毛蒜皮、不值一提了。然而，它的真實性和嚴酷性，是令人戰慄的。嚴文井就是這樣，把某些被宏大歷史敘事無意忽略或遮蔽了的真相，不動聲色地赤裸裸地揭示給了我們。

1996年6月9日，嚴文井看望冰心。

讀了這篇〈趙樹理在北京的胡同裏〉，先是略感意外，繼而深長歎息，心酸不止。

去年的一天，和牛漢先生談起嚴文井。他說：「新時期以來，嚴文井可以說是大徹大悟。1980年《新文學史料》發了《從文自傳》，那會兒有些人對沈從文還有偏見。樓適夷就不大以為然，說『我是《史料》顧問，為什麼不徵求一下我的意見哪？』嚴文井給我打來電話說，『發得好！』1989年周揚去世後，我到八寶山參加了追悼會，消息第二天見報了，嚴文井看到後給我打電話，說，『牛漢，你不應該去。周揚這個人，不可信。』我就對他說，『他

不是懺悔了嗎？不是當眾流過淚嗎？』嚴文井說，『他在延安就這樣，善於表演，今天對你流淚，明天就可能整你。』」

當年在魯藝，周揚對他是有「知遇之恩」的。但經過反胡風、整丁陳反黨集團等等運動之後，他對「周揚整人的那套東西」，越來越不以為然，越來越反感。

他曾經想好好寫寫周揚，據說，甚至已經開了這樣一個頭：「我怕你，我討過你的好，但我不算你喜歡的前列幹部，因為我是一個笨蛋⋯⋯」但是，他又覺得，要寫就不能含糊，得按照自己的看法、想法來寫，但這樣就可能永遠也寫不出來，寫了又有什麼用呢？

後來，在一篇題為〈心債〉（1997年8月）的文章裏，嚴文井提到，他欠周揚一篇文章，沒有「公正地」既說說他的「好話」，也說說他的「缺點」。

　　權力左右的局勢為十年。

　　智慧和機靈左右局勢約為百年。

　　被真理左右的局勢是永恆的，無論看起來是怎樣變幻不定。

　　——他曾在筆記裏寫下了這樣的看法。但又覺得，現實「難於把握」，「我的現實觀也許是荒誕的」。他說自己「是樂觀的」，是一種「悲觀裏的樂觀」。

八十年代初，嚴文井以〈散花〉為題，寫過一組寓言，頗為引人注目。雖然篇幅短小，但極精練、極耐人尋味。比如：

膽小的老兔子臨終時要做一件勇敢的事，就是講心裏話。他小心翼翼地對小兔子講狼是我們的敵人。隨後又問：「狼在不在附近？」

老虎暴虐，狼和兔子都抱怨，不敢說。老虎死了，兔子向狼去說老虎的暴虐，狼又不讓。狼用老虎的皮蒙在身上，在百獸中更暴虐。

狗打架，打敗了的狗找貓出氣。

從這些內涵複雜深邃的寓言裏，你可以看到，在中國文學界，從噩夢中醒來的嚴文井，是屬於較早走出思想禁錮和精神牢獄的那一部分人。他的理性開始成熟起來，從而具有了一種穿透力。〈散花〉既閃耀著文學的智性之光，又凝聚著高度的人生哲理和政治智慧。

雖然離休以後，他賦閒在家，深居簡出，但頭腦從未停止過思考。他的思考既是深刻的，又具有某種與眾不同的超越性。有一次，他和來訪的陳四益聊著聊著，突然激動起來，聲音也提高了幾度，大聲說：

「人家總以為我是一個有思想的人，我也自以為不是一個人云亦云的人。但是，細想起來，我算有思想嗎？我真的有自己的思想嗎？沒有，我沒有自己的思想。」

他的女兒欣久，小時候有一回不肯吃飯，他一時生氣，粗暴地打了她。女兒滿臉淚水，哽咽著說：「爸爸，我吃不下！」這可憐的模

樣和聲音，一直烙印在他的心裏，不斷地折磨著他的良知，使他疚悔了很久。

很多年之後，他看到一群孩子為了取樂，殘忍地打死了一窩小貓；又想起「文革」初期，一些十三四歲、戴著「紅衛兵」袖章的女學生，兇狠地打死了不少女教師的往事，內心受到了極大的刺激。

他覺得，同情心、惻隱之心，是人性的重要元素。那一群為取樂而虐殺小貓的孩子，如果這種性情繼續發展下去，他們很可能會變成殘酷的人、殘忍的人、殘暴的人。如果他們當了支部書記或廠長之類，那將是非常可怕的！

因此他認為，要引導孩子們既要勇敢，又要富有同情心。要教育孩子們懂得，恃強凌弱，欺負幼小，是最可恥的！

他八十歲的時候，為自己幾十年前的粗暴，鄭重地向女兒道了一個歉。女兒對他說：「我早已忘了。」

嚴文井是一個感情細膩，想像力豐富，文字精緻、幽默、考究、充滿詩意與音樂感的童話和散文作家。

20世紀60年代，北京東城新鮮胡同小學少先隊員聽嚴文井朗誦自己的作品（《中國少年報》記者何秉潔攝）。

我不知道自己能不能冒充一個作家。從十七歲到現在，五十多年都在幹雜事，包括鬥人和挨鬥。我的作品很少，每種挑一本，加起來不到一公斤重，還比不上一棵大白菜。

我要在到達我的終點前多懂得一點真相，多聽見一些真誠的聲音。我不怕給自己難堪。

我本來就很貧乏，幹過許多錯事。

但我的心是柔和的，不久前我還看見了歸來的燕子。

真正的人正在多起來。他們具有仁慈而寬恕的心，他們有眼淚，但不為自己哭。

這只是我從他的一本書裏，隨意撿拾出來的兩段普普通通的文字，寫得多麼優美，多麼幽默，多麼睿智和詩意！這樣漂亮的文字，宛如草原上爛漫地綻放著的野花，在他的作品裏觸目可見。

他特別喜愛音樂，既愛聽京劇，又經常獨自欣賞西方古典音樂唱片，尤其喜歡聽貝多芬、莫札特、「老柴」、莫索爾斯基和花腔女高音。

他和老友蕭乾在一起時，談得最多的不是國事，不是文學，也不是張三李四，而是音樂。蕭乾談貝多芬、德彪西，他談「老柴」和莫索爾斯基。蕭乾對音樂的喜愛，是他最欣賞的。他看到過沈從文聽音樂的時候淚流滿面。他有一個觀點：「真正喜愛音樂，打心裏欣賞音樂的人都是好人。」

他喜歡貓，養過各種各樣的貓，還養過一個「貓家庭」，貓「丁」興旺的時候，大小貓共達七口之多。他給愛貓「歡歡」開魚罐

頭，自己泡速食麵。他還喜歡養花，喝酒，下圍棋。

柔和，是他最愛用的一個詞。「我的心是柔和的」；「妻看著我，目光逐漸轉向柔和」；「別看他有時皺眉，他的心卻很柔和」；「我們的心很柔和，還要繼續保持柔和」……我想：柔和，正是他和妻子、孩子、小貓在一起時的心境，也是他寫童話時的心境，他聽音樂時的心境，他慢慢吸著煙沉思時的心境。

1963年中國作家代表團訪問日本（左一巴金，右一馬烽，右二許覺民，右三嚴文井，右四冰心）。

這個從小就愛幻想，偏愛幻想事物和幻想故事，愛美，愛琢磨，喜歡觀察，喜歡編故事，富有好奇心，單戀過一個連面都沒見過的姑娘（她是個女高音，他在北平大鵓鴿寺胡同，每天黃昏聽她練聲）的童話、散文作家，對人，對小動物，對這個世界，在內心裏，是充滿了柔和、溫存、細膩、浪漫的美好情感的。

有一顆柔和的心，體驗了人生，體驗了世界，去過蘇聯、埃及、波蘭、日本、印尼等十幾個國家的嚴文井，已經

永遠離開了這個他「愛過、恨過、希望過、失望過」的世界，在他喜歡的舒伯特的小夜曲聲中，飄然遠行，就像他自己說過的，「一切都終歸於沒有」。

　　他晚年常看佛經，最喜讀《金剛經》。不但自己讀，還推薦給別人讀。他多次把《金剛經》中下面的這四句偈語抄寫下來，送給朋友和來訪者：

　　一切有為法，
　　如夢幻泡影，
　　如露亦如電，
　　應作如是觀。

2006年2月5日於北京朝內大街166號北窗下
2006年11月16日改定

綠原

——詩之花在煉獄裏怒放

是又一名哥倫布對海洋的祈禱
是折翅蒼鷹對懸崖的追求
是最難溶化的信念的一撮沉澱
是最難實現的志願的一層蒸餾

原來只知道綠原是「七月派」的詩人，但沒有讀過他的詩。直到1986年3月，參加全國第一屆馮雪峰學術討論會，師兄王富仁在提交的論文〈馮雪峰與無產階級革命文學運動〉開頭，徵引了綠原的這節詩，才發現：他的詩原來寫得這麼好！

綠原以〈熾熱，純青，肅穆，高潔〉為題，也寫了一篇研究馮雪峰詩歌創作的論文，對馮雪峰詩風的概括非常深刻精到，是詩人對詩人的「心有靈犀」的體悟和解讀，一般研究者恐怕是難以做到的。那時，綠原還在人文社工作，大約會議結束後不久，他就從副總編輯崗位上離任了。

我找到他和牛漢編的「七月派」詩人的選集《白色花》，以及他自己的詩集《人之

詩》來讀。《白色花》選了他九首詩，第一首是寫於1940年12月的語言清新、意境朦朧的〈憎恨〉：「不問群花是怎樣請紅雀歡呼著繁星開了，／不問月光是怎樣敲著我的窗，／不問風和野火是怎樣向遠夜唱起歌……／好久好久，／這日子／沒有詩。」懷著青春的浪漫和柔情的年輕詩人，在這首詩的最後，表達了自己的願望：「不是要寫詩，／是要寫一部革命史呵。」

這是他剛開始寫詩的「童話時期」的典型詩篇，其中有新鮮的意象，亦不乏稚嫩的「童音」。在短詩〈願〉（1943）中，他寫道：「願詩與現實互相溶解」。果然，到了抗日戰爭後期和解放戰爭時期，他開始寫起了熱烈地擁抱現實的政治抒情詩。

那時的國民黨統治區，處在一個瀕於崩潰和趨於瘋狂的時刻，猶如一座「失火的森林」：濟慈的夜鶯和雪萊的雲雀早已飛走了，也見不到布萊克的虎和里爾克的豹，只剩下「一匹受傷的狼，當深夜在曠野中嗥叫，慘傷裏夾雜

中華人民共和國成立初期，綠原和曾卓在武漢合影。

著憤怒和悲哀」。年輕的詩人綠原，由於無法忍受現實生活的沉重壓迫而發出了激切的控訴，因為與社會現實的醜惡和罪惡進行血肉搏鬥而喊出了猛烈的呼號和詛咒。

在〈給天真的樂觀主義者們〉一詩中，他激憤地寫道：「大街上，警察推銷著一個國家的命運……」他還痛苦地質問：「呼吸在戰爭下面的中國人民，有多少個愉快，有多少個悽惶？」「在中國，誰能快樂而自由？」長長的直白的詩句，急驟的節奏和粗悍的語言，痛憤、激烈而又焦躁的情緒，就像滾滾而來的洪流，排山倒海，洶湧澎湃，勢不可擋，有一種與黑暗、邪惡和朽腐的現實同歸於盡的精神氣慨。

類似的詩還有〈破壞〉、〈終點，又是一個起點〉、〈咦，美國！〉、〈悲憤的人們〉、〈復仇的哲學〉、〈伽利略在真理面前〉、〈軛〉、〈你是誰？〉等等。其中有一些，曾經在北平、上海、武漢、重慶等地青年學生舉行的規模不同的集會上，被反復吟誦過，對當時國統區反內戰、反饑餓、反壓迫的學生運動起到了激勵、鼓舞和號召作用。

1948年，他寫的〈一個什麼在誕生〉，簡直就是對即將誕生的新中國的預祝和期待。1949年初，他寫了〈中國，一九四九年〉，歡呼一九四九年的春天，預感到從1949年開始，中國將進入一個新的歷史時代。

1949年5月，胡風對綠原說：「你所歡呼的時代來了，希望我們的朋友都有禮物獻給這個時代。」1949年底，綠原又寫了〈從一九四九年算起〉，抒發邁入「幸福年代底進口」、「新紀元底大門」的激情

和喜悅。胡風則寫下了長達三千多行的著名長篇抒情詩〈時間開始了〉。

對於綠原來說，選擇了詩，就是選擇了一種人生；寫詩，成了他的一種生活方式。在〈詩與真〉（1948）一詩中，他寫道：「在人生的課堂／我選擇了詩」；「人必須用詩找尋理性的光／人必須用詩通過醜惡的橋樑／人必須用詩開拓生活的荒野／人必須用詩戰勝人類的虎狼／人必須同詩一路勇往直前／即使中途不斷受傷」。

正如他在這首詩裏所說，「我和詩從沒有共過歡樂／我和它卻長久共著患難」。到了革命勝利以後的五十年代，綠原竟然和他的詩友們一起，為了詩，而受難了。

1980年，他與牛漢合編了一部「七月派」詩人的選集，對於書名《白色花》，他專門做了解釋，說是借用了詩人阿壟〈無題〉詩中的一節：

要開作一枝白色花──
因為我要這樣宣告，我們無罪，然後我們凋謝。

綠原、牛漢編《白色花（二十人集）》，封面設計牛漢之子史果，人民文學出版社1981年8月出版。

他在《白色花》的序言裏寫道：「作者們願意借用這個素淨的名稱，來紀念過去的一段遭遇：我們曾經為詩而受難，然而我們無罪！」

阿壟的這首〈無題〉詩，寫於1944年9月9日。十年之後，「七月派」的詩人們便全部成了「胡風反革命集團」的成員，身陷囹圄。真是一語成讖！包括綠原在內的「七月派」詩人的悲劇命運，不幸被阿壟的詩句言中了。

1953年初，武漢的《長江日報》停刊。在報社擔任文藝組副組長的綠原，調進北京，到中共中央宣傳部國際宣傳處工作。

1955年的5月13日，《人民日報》發表了舒蕪的〈關於胡風反黨集團的一些材料〉，編者按語指出：「路翎應該得到胡風更多的密信，我們希望他交出來。剝去假面，揭露真相，幫助政府徹底弄清胡風及其反黨集團的全部情況，從此做個真正的人，是胡風及胡風派每一個人的出路。」

這個經黨和國家的領袖毛澤東修改的按語，猶如晴天霹靂，震動著綠原的心，也搖撼了、改變了他和朋友們的命運。

吃過晚飯，住在東城細管胡同的路翎，來到住在天安門附近石碑胡同的綠原家。路翎在中國青年藝術劇院工作，是著名的小說家，友人阿壟稱他為「勤奮的天才」。他和綠原都是胡風主編的《七月》雜誌的作者，又都參加過胡風撰寫的「三十萬言書」（即〈關於解放以來的文藝實踐情況的報告〉）的起草、討論和修改。

由於家裏地方窄小，孩子吵鬧，他們一起離開家，向天安門廣場走去。在昏黃的路燈下，兩個人迎著徐徐吹來的春風，慢慢地走著，交談著。

春天即將過去，馬路上行人已經不多，車輛也很稀少了，一切都顯得安寧而正常。也許，事情到底嚴重到何種程度，內心深處都有些忐忑不安的綠原和路翎，仍然沒有、也不可能察覺到。

這個北京的暮春之夜，在他們看來，與以往的夜晚相比，並無什麼不同。然而，一場巨大的災難，對於路翎來說幾乎是滅頂之災，正在向他們的頭上壓下來。

隱沒在街市遠方的天際線下面，一團團濃密的烏雲，正緩緩地向上湧動。

路翎胸有成竹地對他說：「明天我就交信，什麼都可以交出去。我不相信，有什麼不可以擺在光天化日之下來談的。」接著又有些沮喪地說：「我簡直跑不贏。剛想通了『小資產階級』，接著是『資產階級』！剛想通了『反馬克思主義』，今天又來了『反黨』！說不定還會變成『反革命』的！」

綠原覺得，路翎似乎並不相信會被戴上「反革命「的帽子。他們約定，第二天就把信交出去，沒有什麼不能公開的。然後，兩個人匆匆分手。

1947年秋，路翎（前左一）與友人阿壟（前右一）、冀汸（前右二）、化鐵（後左一）等攝於南京棲霞山。

沒想到，這一別就是二十多年。

第二天，綠原向中宣部領導交出了歷年來胡風寫給他的全部信件，之後被停職反省，奉命回家寫交待材料。17日，部裏來電話，叫他帶著交待材料去談話。和他談話的，是中宣部常務副部長張際春，在座的還有林默涵等人。張宣佈對綠原實行「隔離反省」。又說：「不忙檢討，先講事實，把事實講清楚再說。」

從這一天起，綠原就在風景如畫的中南海裏，完全喪失了人身自由。他被關在已故中宣部長凱豐的辦公室裏，由中央警衛局的兩個人看守著。

他所做的，只是低頭認罪，坦白交待。他抱著周內、月內、年內「可能解決問題」的幻想，開始了沒完沒了的「交罪認罪」的過程。他就像那個推巨石上山的薛西弗斯一樣，推上去，又滾了下來，再推上去，再滾下來，似乎不知道何時能夠完結。

這位1948年就加入了中國共產黨的詩人，這位謳歌過中南海裏「偉大的心臟」的詩人，讚美過睡夢中幸福寧靜的北京的詩人，這位把革命比作「快樂的火焰」，在詩中唱著「燒吧，火焰，快樂的火焰，／我們把心投給你，／我們把血澆給你，／讓我們成為你的一部分吧」的詩人，自此，便暗啞了歌喉，「心靈和詩一起逃亡了」。

1954年，他曾在寫給妻子的〈小小十年〉一詩裏寫道：「別讓花香鳥語迷住我們／別讓小橋流水絆住我們／別讓貧賤的風霜打蔫了我們／別讓苦難的雷電拆散了我們」。時間僅僅過了一年，「苦難的雷電」就把他們拆散了。

7月，他被押送到西單大磨盤院的中宣部宿舍，單身監禁在一間空屋裏。公安部來人審訊他的所謂「胡風反革命集團」問題，以及「中美合作所」問題。一次上廁所，看見地上有一張《人民日報》——他已有個把月沒看報、沒聽廣播了，對外界的政治氣候一無所知——便把報紙撿起來，流覽之後，發現上面有一篇某著名學者寫的批判胡風的文章。

他讀著、讀著，忽然發現了這樣一句：「……想不到胡風集團藏有美蔣特務。」誰是「美蔣特務」？他想起1944年在復旦大學外文系讀書時，曾和其他同學一起，被徵調到來華參加抗日遠征軍的美軍中去當譯員。受訓期間，因未集體參加國民黨，被認為「有思想問題」，又被改調到「中美合作所」，後經胡風幫助才脫了身。莫非他當時寫給胡風的信被查抄了出來，因而產生了這樣天大的誤會？

他當即通過看守，請求和公安部的審訊員談話。審訊員反問他：「你知道

1951年，綠原和胡風、馮白魯在武漢。

這是説的你？胡風集團每個人的政治歷史你都清楚？」後來又直接問道：「你什麼時候從那裏出來的？」

「我根本就沒有到『那裏』去過！」綠原堅定地回答，隨後又情緒激動地補了一句，「要憑那封信把我打成特務，我死不瞑目！」

審訊員呵斥道：「是就是，不是就不是。不准對組織發誓！」

1944年5月13日，綠原在一封給胡風的信中寫道：「我已被調至中美合作所工作，地點在瓷器口，十五號就到差；航委會不去了。」只是由於信中的這麼一段話，他就被當做了在臭名昭著的重慶「中美合作所」效過力的「美蔣特務」。

在公佈關於「胡風反革命集團」的第三批材料時，《人民日報》所加的編者按語指出：「『中美合作所』就是『中美特種技術合作所』的簡稱，這是美帝國主義和蔣介石國民黨合辦的由美國替美國自己也替蔣介石國民黨訓練和派遣特務並進行恐怖活動的陰森黑暗的特務機關，以殘酷拷打和屠殺共產黨員和進步分子而著名。誰能夠把綠原『調至』這個特務機關去呢？特務機關能夠『調』誰去工作呢？這是不言而喻的了。……可是，一九四八年初他就由另一個胡風骨幹分子曾卓介紹為共產黨員，打入了地下黨的組織。後來綠原突然潛逃。武漢解放時又突然回到武漢，與曾卓一起自稱是『共產黨』，接收『大剛報』。一九五〇年再度鑽進黨來。」

僅僅根據十年前的一封信，就做出以上罔顧事實、無中生有的判定，很明顯，是為了人為地加重「胡風反革命集團」的「罪行」。

1939年，在湖北恩施「湖北聯中」讀書的綠原，開始向遠在重慶的《七月》雜誌投稿。三年後，他結識了雜誌的主編胡風。此前，他

的第一本詩集《童話》，已經由胡風編入「七月詩叢」第一輯出版。1944年5月，他得到把他由「航委會」改派到「中美合作所」的消息後，馬上寫信向胡風求助。

白天把信寄出後，晚上他就迫不及待地去見胡風。胡嚇了一跳，說「這地方可去不得」，並建議他立即逃離重慶（復旦大學當時在重慶），還給他寫了一封信，讓他去找小說家何劍薰。何於是介紹他到川北嶽池的一個中學教英文。這就是他被當做「中美合作所美蔣特務」的由來。

1956年3月，綠原被轉入東總布胡同。大約到了這一年的夏末秋初，「交罪認罪」的過程總算是告了一個段落。在審訊者的種種心理攻勢下，他終於「交了罪又認了罪」，「承認了『反革命』」，審訊者也就不再來了。然而，他每每午夜醒來，不能不心驚肉跳，難以重新入眠。

剛開始單身監禁時，他整天捏著手指呆呆地靜坐著，腦袋裏時而一片空

綠原第一本詩集《童話》，由胡風編入「七月詩叢」第一輯，（桂林）南天出版社1942年12月出版。

白，時而思緒紛亂。但是，誰能強迫思想也靜止不動呢？忽然，有兩句詩閃現在腦海裏：「我的心是個紙折的燈籠／裏面燃起了一朵小小的風暴。」後來據此寫成了〈手語詩〉。

在不足十平方米的囚室裏，幾乎每天，他都是沿著對角線，走過來，再走過去，有時候停下來，或是蹲下身，低頭看從土縫中爬出爬進的螞蟻，或是抬起頭，聽由屋簷下飛向天空又飛回來的燕子的呢喃和翅膀拍擊空氣的聲響。

日子一天一天捱過去。有一天，他站在窗前，看到囚室外的一株馬纓花悄然開放了。僵冷的心底，冒出了一絲暖意。後來，在1959年寫的詩〈又一名哥倫布〉中，他攝入了這個難忘的鏡頭。

他覺得，自己就是「也告別了親人／告別了人民，甚至／告別了人類」的「又一名哥倫布」。「沒有分秒，沒有晝夜／沒有星期，沒有年月」；「再沒有聲音，再沒有顏色／再沒有變化，再沒有運動」。他「凝視著千變萬化的天花板／漂流在時間的海洋上」，仍然堅信「一定會發現一個新大陸」。

11月，他又被轉入西城安福胡同，仍為單身監禁。安福胡同的這個四合院，由一個班解放軍士兵看守，他們全部身著便衣。

有一次，他突然聽到看守在大聲喝斥：「把他扣起來！」仔細一聽，還有一個沙啞、急促，並帶著幾分憤怒的聲音：「我要你們給我去買！」

這聲音是多麼熟悉，原來是路翎，他也關在這裏！後來，又漸漸知道，除了他和路翎，這裏還關著徐放、謝韜、嚴望等幾個「胡風分子」。

在關押期間，他們的房間經常調整。有一次，路翎就住在他的隔壁。他發覺，路翎不讀書，也不寫字，每天二十四小時，除了吃飯、解手、睡覺，就一直坐在靠牆的桌子旁哼哧著，像鐘擺一樣，單調而又不停歇地哼哧著。

初聽時，綠原感到毛骨悚然，久而久之，他覺得，在「無限空間的永恆沈默」之中，這哼哧聲，似乎是不可缺少的。

一天，綠原彷彿聽到隔壁傳來了叩牆聲，很微弱，似有似無。過了一會，又響起來。他就試著回叩了一次。啊，那邊的路翎似乎是聽到了。此後，這一對難友，每天就以這種獨特的方式，「問好、交談、聊天」，進行著「靈魂的交流」。

有一回，綠原和路翎正在進行著「交流」，忽然，隔壁輕微的叩牆聲，變成了重重的「嘭」的一聲。原來是路翎叩到後來，忍不住了，栗鑿就變成了憤怒的拳頭。院子裏的看守立即衝進他的牢房，大聲喝問：「怎麼回事？怎麼回事？」路翎似乎沒有做聲。之後，一切復歸於平靜。

1985年，綠原與鄒荻帆、曾卓攝於武漢黃鶴樓。

突然有一天，隔壁的哼哧聲變成了嚎叫，那是「一直不停的、頻率不變的長嚎，那是一種含蓄著無限悲憤的無言的嚎叫，乍聽令人心驚膽顫，聽久了讓人幾乎變成石頭」。

按照規定，關押在這裏的幾個人是不能見面的，上廁所的時間也要錯開。可是，綠原有一回被帶著上廁所，竟然迎面碰上了剛從廁所裏出來的路翎。暌別幾年，路翎已是蓬頭垢面，鬍子拉碴，一臉怪笑，半舉著雙手，恰如那個漂落到荒島上的魯濱遜。

路翎的精神，已經崩潰了。

1960年8月，聽說看守他們的解放軍要回部隊去參加生產，於是，把他們這幾個人轉移到位於京郊的秦城監獄，繼續關押。

到秦城監獄後，他和徐放、謝韜、嚴望被關在可以押送到大田去勞動的丙區。多年後才知道，路翎卻被關在距離丙區較遠的乙區，那裏管制更嚴格，只能在圍牆內勞動，並經常受到一些老牌刑事犯的刁難和欺凌。

在秦城監獄，綠原再也沒有見到路翎，因而並不瞭解他在大牆內的悲慘遭遇。

據說，離關押路翎的牢房比較近的人，幾乎每個夜晚，都能聽到路翎發出的悠長的嚎叫：「秦——始——皇——」「嗷——嗷——嗷——我不（是）反革命——」。

在深夜裏，很多人常常都被這淒厲、悲慘、絕望的喊叫聲驚醒。這叫喊聲，就像在曠野裏，一隻受了傷的野狼的嗥叫⋯⋯

度過了單身監禁初期最痛苦、最難以忍受的煎熬之後，綠原已經悟出：絕不能像路翎那樣，讓苦難把自己給毀滅了，必須「自己救自己」！

「我不再發誓不再受任何誓言的約束不再沉溺於賭徒的謬誤不再相信任何概率不再指望任何救世主不再期待被救出去於是──大海是我的──時間是我的──我自己是我的於是──我自由了!」他在〈自己救自己〉一詩中,這樣寫道。

為了不至於精神崩潰,為了不至於在洶湧而來的「時間洪水」中沉沒,他決定通過讀書學習,來度過沒有盡頭的囚禁歲月,來排遣無窮無盡的憂傷和紛亂的思緒。他先託看守人員給妻子捎信,請她送來一箱自己買了沒來得及讀或者沒讀完的外語書籍,有狄更斯全集、巴爾扎克和莫泊桑英譯作品集、傑克‧倫敦著作的單行本、托爾斯泰《戰爭與和平》的英譯本,以及包括克魯普斯卡婭《列寧回憶錄》在內的幾本俄文書。

半年多之後,他就把這些書看完了。他又想溫習代數、幾何等中學課程,還曾想進一步研習過去學過的法語或者俄語。結果學起了從未沾過邊

1984年,綠原與艾青、高瑛夫婦在廣東經濟特區合影。

的日語。學了一兩個月，覺得日語太難學，只好放棄了。

他轉而又想，自己之所以遭此厄運，皆在於文藝思想上的「反馬克思主義」，何不好好學學德語，認真讀幾本馬克思主義經典原著，弄明白自己究竟是怎樣在「文藝與政治的歧途」失足的呢？

他給自己定了一張時間表，像茨威格的小說《象棋的故事》中的主人公在獄中自學象棋一樣，下定決心，抓緊每分每秒，自學德語。他又託看守人員告訴妻子，給他送來了一些工具書和讀物，如德漢、德英詞典，德英、德俄對照語法，德語、英語版馬克思、恩格斯著作兩卷集，以及多語版《和平民主報》。

就這樣，他一個人在囚室裏，既無老師，又無同學，獨自學起了德語。

轉押到秦城監獄後，他們還經常和也關在這裏的國民黨戰犯如黃維、沈醉等人一起，參加體力勞動。黃維在德國留過學，德文水平很高。綠原就向他請教，一張口念德語，黃維就笑了，說：「你這個德語，大概都是從書本上看來的吧……」

從1956年到1962年，身陷囹圄的綠原，默默地研修德語，長達六年之久。朝露夕嵐，夏雨秋霜，有誰能知道，他一個人，在狹小逼仄的囚室裏，在日復一日、年復一年、失去自由的生存和掙扎中，是以怎樣的精神、怎樣的毅力、怎樣的耐性，咬住牙關堅持下來的？

經過持續不斷、毫不懈怠的努力，不知不覺，綠原竟然能借助詞典，閱讀《共產黨宣言》和《費爾巴哈和德國古典哲學的終結》等比較艱深的德文原著了。他的這種巨大的意志力和韌性，不能不令人嘆服。

出獄之後，他先後有《浮士德》、《里爾克詩選》、《黑格爾傳》、《叔本華散文選》、《茨威格散文選》等多種翻譯作品問世。他署名「劉半九」的譯作——勃蘭兌斯的《十九世紀文學主流》第二分冊《德國的浪漫派》，我在北師大讀書時，就買來認真閱讀過。

歌德的詩劇《浮士德》，是一部韻體格律嚴謹的名著，向稱難譯。有一個英譯本，竟曾被譏為「將音樂譯成語言」。周學普、郭沫若、梁宗岱、董問樵、錢春綺等人，都譯過中譯本。綠原不畏艱辛，繼續加入了被他稱為「奔向《浮士德》真諦的這場『接力賽』」中。為了更好地傳達原著的意蘊，他大膽以散文形式為主，只保留了一小部分韻體。他的這部《浮士德》新譯本於1994年出版後，受到好評，還被教育部全國高等學校中文學科教學指導委員會，列入「高等學校中文系本科生專業閱讀書目」之中。

1998年在馬其頓舉行的斯特魯加國際詩歌節上，綠原被授予金杯獎。

　　1962年6月，公安部以「免於起訴」的審理結論，將綠原釋放。一出獄，他就立即給中宣部寫信。中宣部副部長林默涵約他談話，安排他到人文社編譯所工作。談到他在獄中自學德語的事時，林說：「這幾年隔離也有好處，學到了一門外語。要是在外面，像我們這樣忙忙碌碌，那是很難學到什麼的。」

　　他進了人文社的編譯所，任務是接替馮雪峰編「五四」新詩目錄，也翻譯德語古典文論，還審讀社外專家的譯稿。他審讀的第一部稿件是朱光潛翻譯的萊辛的《拉奧孔》，朱雖譯筆老練，但因年邁力衰，仍有不少顧及不到的誤譯。他用鉛筆在原稿上一一改正後，寫了一份請譯者斟酌的處理意見，由社辦轉給負責推薦此稿的社科院外文所。外文所負責人馮至覺得意見相當中肯，還向出版社打聽是誰提的意見。

　　這個在獄中自學德語的人，德語水平究竟如何呢？外文所把他譯的文字古怪的讓波爾的《美學入門》的一章，送給著名學者錢鍾書審閱。錢看完後，寫下了這樣的評語：「譯得很忠實，有些地方頗傳神，只是『性』字太多。」

　　這一評語，使綠原在翻譯界彷彿領了一張通行證。此後，他署名「劉半九」的譯作，就頻頻出現在一些著名雜誌上。

　　「文革」中，他的命運和馮雪峰、孟超、牛漢、舒蕪們一樣，關「牛棚」，上「幹校」，挨批鬥，寫檢討，寫交待，勞動改造……1974年底，「幹校」的人都走空了，他才和社裏的一個工人，奉命負責押運沒有帶走的公家的傢俱，最後離開湖北咸寧，回到北京。

綠原的遭遇，也殃及了家人：妻子羅惠1955年認定他不是「特務」，在工人日報社遭到專案組人員的辱罵和毆打，1957年又被劃為「右派」，下放到工廠，從事重體力勞動多年；兩個兒子在內蒙古插隊多年，1977年恢復高考時參加考試，雖然成績優良，卻因父親的所謂「胡風問題」，被拒之於大學門外；小女兒作為「可教育好的子女」，單身一人下放到青海牧區，也由於父親的所謂政治問題，嘗盡了人生的苦楚，最後只能拖著病弱之身，回到父母身邊……

1979年1月，由死刑改判無期徒刑、身患精神分裂症的胡風，在四川恢復了自由。1980年3月，被允許回京治病。綠原知道消息後，給胡風寫了一封信，很快就收到了胡7月1日在醫院給他的回信。信中說：

綠原和羅惠：人生攜手之初（1944年於四川嶽池）。

看到信後更覺得你善於處理自己和家務。更佩服的是你把德文學好了。…… 包括你夫婦在

內，生者如路翎，我的負疚心情是無法表達出來的。……你
為路翎託一位同志從美國買回特效藥來，這事使我很感動。
你第一次去見路翎後，牛漢兄說我們這些活著的人要多去看
看路翎，把他失去的魂召回來。你們這樣關心一個戰友的感
情實在寶貴，使我也禁不住不勝感激。

綠原和妻子捧讀此信，彷彿聆聽空谷足音，禁不住熱淚湧流。

「我跑到一個沼澤裏，蘆葦和污泥絆住了我，我跌倒了，我看見
我的血流成了一個湖。」後來，綠原在一篇談及胡風的文章中，提到
了但丁的這句話（《神曲‧淨界》）。這段文字曾被胡風引用在他的
《論現實主義的路》一書的扉頁上。

在另一篇文章裏，他寫道：「里爾克在他的《羅丹傳》卷首，引
用了愛默生的一句話：『英雄就是被置於中心而歸然不動的人。』胡
風先生就是這樣一個人。」

1979年，綠原被邀請出席第四屆全國文代會，並恢復了寫作的權
利。1980年，中共中央下發了為「胡風反革命集團」案平反的第76
號文件。年底，他寫了〈獻給我的保護人〉一詩。1982年，他出訪了
聯邦德國。1984年，又參加了中國作協組織的「作家訪問團」，赴深
圳、珠海經濟特區參觀、考察。

綠原說：「唯願一切苦難都帶來好處。」他的「逃亡」的「心
靈和詩」又回來了，他找回了「失落的歌」。經過了二十多個春秋
的摧折，他的詩並沒有死亡，而是深埋在了心底，只是沒有寫出來
發表而已。

他把在單獨囚禁時和坐「牛棚」期間所寫的，很偶然地留存在練習本上的詩抄出來，刊發了。其中的〈重讀《聖經》——「牛棚」詩抄第n篇〉（1970），宛若一朵開在地獄裏的詩之花，震動了詩壇，也震撼了讀者的心。

> 今天，耶穌不止釘一回十字架，
> 今天，彼拉多絕不會為耶穌講情，
> 今天，瑪麗婭・馬格黛蓮註定永遠蒙羞，
> 今天，猶大絕不會想到自盡。
> …………
> 「到了這裏一切希望都要放棄。」
> 無論如何，人貴有一點精神。
> 我始終信奉無神論，
> 對我開恩的上帝——只能是人民。

1979年，綠原和夫人羅惠看望回到北京不久的胡風。

詩人寫出了苦難處境中的極度絕望和痛苦，也記下了對苦難的抵抗和思考。詩人以人類文化歷史為座標，在廣

闊的時空一任其詩思自由地飛舞。這是人的高貴的精神和靈魂對於苦難的超越。

詩人在另外一首詩〈給你——〉（1980）中寫道：「更多的眼淚是流不出來的／更多的血鬱積在內傷的臟腑裏／嗚歎是一種早已撲滅的病毒／夢則是資產階級的一種奢侈品」。生存如此慘苦，現實如此荒謬，詩人以清醒的理性和堅強的意志，來穿透它，超越它，戰勝它。他的意志力量是常人難以企及的。

詩中還說：「回憶不過是遠了、暗了的暮靄／希望才是近了、亮了的晨光。」即使在最艱難的時光、在最灰暗的日子，詩人也沒有放棄夢想，他總是用「堅信」的光，用「希望」的盾，來照耀生命，來抵拒孤獨、痛苦和絕望。

綠原是一個學者型的詩人，他的外國文學和外語背景，使他的詩裏融涵了相當多的西方文化元素。這不僅使他的詩顯得絢麗多彩，而且豐富了、加強了他的藝術表現力。與此相關的是，他的詩還具有鮮明的哲理性。但正如他自己所說，「詩要思想，不完全是思想」。詩人常常是以意象來表現哲思的。「昂貴的詩意」，「痙攣的雨」，「心跳的路燈」，「水晶的夢」……從他的這些詞語的組合上，也可以看出這個特點。

1961年7月，精神已經崩潰的路翎，被從秦城監獄送進北京安定醫院。綠原一無所知。

1964年初，病情略有好轉的路翎被保釋回家休養。他開始寫申訴信，一年多就寫了三十九封，有寫給毛主席、周總理的，也有寫給公安部的，還有寫給什麼「伊利莎白女王」的。終於1965年11月的

一天，他去郵局寄信時，當場被扭送到公安局，第二天再次被關進秦城監獄，旋即又被送入黃土橋安定精神病醫院分院。

1973年7月25日，北京市軍管會以「現行反革命罪」，判處路翎有期徒刑二十年。之後，路翎曾先後被送到宣武門北京第一監獄塑膠鞋廠勞動大隊、延慶監獄農場大隊，做捆鞋工等工作。1975年6月19日，路翎被提前釋放回家，在街道當了一名掃地工。

1979年，綠原找到芳草地路翎的家，探訪闊別了二十四年的老友。劫後重逢，萬端感慨的他傷心地看到，當年那個身材修長、英俊瀟灑的路翎，已變成了白髮蒼蒼、牙齒掉光的老者。綠原知道他平常都是抽用廢報紙卷的煙葉，就掏出自己帶來的煙，遞給他一支。他點著後，只是悶著頭抽煙，話很少，幾乎是綠原問一句，他才說一句，而且面無表情，沈默得簡直如同一塊木雕。

路翎的妻子余明英在街道上補麻袋，還沒回來。到了告辭的時間，路翎

綠原手跡

表示要留綠原吃飯，説「我們下掛麵吧」。於是燒開水，下掛麵。煮熟後，盛到碗裏，倒一點醬油，拌了拌，遞給綠原。兩個人默默地，各自吃完了一碗醬油拌麵。

回家的路上，綠原欲哭無淚。這個當年眉宇間總是透出一股俊逸之氣，會游泳、會滑冰、會唱歌、會跳舞的風流倜儻的路翎，這個才華超群、具有巨大創作潛力的小説家，怎麼會成了這個樣子啊？人生之哀痛，莫過於此！

80年代，「七月派」的朋友們相聚於北京（前排左起魯藜、曾卓，後排左起徐放、杜谷、牛漢、冀汸、綠原、路翎）。

後來，余明英曾告訴他，路翎在家裏坐著坐著，常常會忽然站起來，走到戶外去，大吼幾聲，再回來。説是有一股氣堵在心口，如果不吼叫出來，他會憋得難受，感到窒息，坐立不安的。綠原立即想到，這不是當年那種整天不間斷的哼哧聲、長嚎聲的後遺症嗎？

又過了十幾年，噩耗傳來：1994年2月12日早晨，家人發現，路翎躺在床前的水泥地上，滿臉鮮血。他死於腦溢血。這位受盡了折磨和摧殘的傑出小説家，終於走完了他的苦難人生的漫漫長途。

苦難淬煉了綠原的詩，鍛打了綠原的詩，成就了綠原的詩，然而，卻無情地徹底地毀滅了他的同志和友人——被稱為「未完成的天才」的路翎。

寫到此處，不禁想起了照片上長著一雙英氣勃勃的大眼睛、有「美男子」之稱的路翎；想起了胡風那寬闊的前額和緊抿的嘴角；想起了綠原在〈胡風和我〉一文開頭援引的路翎的那句話「他是因忠實和勇敢而致悲慘，並且是高貴的」；想起了寫過「我們無罪，然後我們凋謝」的詩句，在致審判員的信中寫了「我可以被壓碎，但絕不可能被壓服」的話以後，於1967年3月21日瘐死獄中的阿壟；淚水頓時湧上眼睛，心中充滿了憤懣、痛楚、悲涼和哀傷……

1982年11月，胡風（前排中）八十壽辰時，與前來看望的路翎（前左二）、綠原（後左一）、牛漢（後中）等友人合影。

人活著
像航海

你的恨，你的風暴
你的愛，你的雲彩

這是綠原寫的一首短詩，題為〈航海〉，寫於1948年。

2006年3月12日於朝內大街166號北窗下

10月16日改定

孟超

——「悲歌一曲李慧娘」

南渡江山殘破，
風流猶屬臨安。
喜讀撰庵補《鬼辯》，
意氣貫長虹，
奮筆誅權奸。
拾前人慧語，
伸自己拙見，
重把《紅梅》舊曲新翻。

檢點了兒女柔情、私人恩怨。
寫繁華夢斷，
寫北馬嘶嘶錢塘畔。
賈似道誤國害民，笙歌夜宴，
笑裏藏刀殺機現；
裴舜卿憤慨直言遭禍端，
快人心，伸正義，
李慧娘英魂死後報仇冤！

　　這是崑曲《李慧娘》的「序曲」。《李慧娘》這齣所謂「鬼戲」，凡經歷過「文革」者，誰人不知，哪個不曉？

當年《李慧娘》上演之後，曾經紅極一時，火得不得了。然而，曾幾何時，忽又變成了「借古喻今」，「借古諷今」，「影射黨中央」，「反黨反社會主義」的「鬼戲」、壞戲，受到了猛烈的上綱上線的政治批判，編劇孟超和導演白雲生，也因而被殘酷地迫害致死。

孟超曾於1961年至1969年擔任人文社主管戲劇的副總編輯。1991年3月，為慶祝建社四十周年，社裏專門編印了一個紀念冊，歷屆前任社級領導人的照片都印在前面。唯獨孟超的那一張，與眾不同：戴著一頂棉皮帽子，一臉苦相，不免讓人聯想到了他的不幸和冤屈……

風「起於青萍之末」時，他就開始挨整了。等到風「侵淫溪谷，盛怒於土囊之口」的「文革」一爆發，就更成了全黨共誅之、全國共討之的十惡不赦的壞蛋，受到了比人文社的「走資派」們嚴酷得多的批鬥。

孟超像

他先是被關進了「黑幫」集中的社會主義學院，後來又説黑幫們自鬥、互相揭發不徹底，叫各單位領回去鬥。各單位來人，把他們如驅豬狗，塞進卡車。孟超和韋君宜擠坐在一起，一群十三四歲的孩子，知道孟超是寫「鬼戲」《李慧娘》的人，在車下圍著叫罵：「孟超老鬼！」孟超只得答應：「哎！哎！」

那群孩子又指著他的鼻子罵：「你老反革命！老混蛋！」

孟超仍「哎！哎！」地應答著。

孩子們繼續罵道：「你認不認罪？不認罪活宰了你！」

在孟超連連的認罪聲中，車才開走了。

回到社裏，每當別處開批鬥會、來卡車要把他押走時，一聽説車上有孟超，就會有小孩子跟在後頭追喊：「孟超，你是不是反革命？」他只得連聲答應：「我是反革命，我是反革命」，這才甘休。

有一天，人文社的「牛棚」，呼呼啦啦闖進一夥帶著紅袖章的「紅衛兵」，喝問：「誰是孟超？」於是乎，孟超被揪了出來。「啪！啪！」紅衛兵上來就是左右兩個耳光，繼而一頓拳頭，隨後又揮舞著雞毛撢子，抽他的駝背。孟超低著頭挨打，一聲不吭。

在遭受了比「牛棚」裏別的「牛」更大、更多的摧殘之後，孟超1969年9月又被發配到湖北咸寧向陽湖「五七幹校」勞動改造。由於他是「長期的永久的鬥爭對象」，誰也記不清他在「幹校」裏接連不斷地挨過多少次批鬥。

軍代表對他説：「孟超，你是中央專案，不歸我管，我只管你的生活。」説著，就把手伸過來，「來包『紅牡丹』！」此後，孟超每

天都得向這位管他的「代表」，供奉一包紅牡丹煙。也許因為這包紅牡丹起了作用，他可以不下大田，有時只上菜地裏去趕趕雞。

到了後來，別的「歷史反革命」，乃至「現行反革命」，都算是被「革」過「命」了，批鬥過了，成了「死老虎」了；甚至那些「走資派」，也被「革命群眾」「解放」了。而孟超，卻依然被「掛在那裏」。一次竟讓他搬到剛死過人的屋子裏去住，說他是最不應該怕鬼的。

孟超本來就瘦，聶紺弩說似乎沒有人比他更瘦。經過了這樣的折磨，他更加消瘦了，瘦得皮包骨，簡直是「三根筋挑個腦袋」（牛漢語）。背也更駝了。後來他提水時，把腿骨跌斷了。

軍代表恩准他去武漢治療。治了好久，總算又能披著破棉襖，拄著青竹竿，在菜地邊默默地走來走去，「呵噓——呵噓——」地趕雞了。

最後，其他人都返回北京了，只剩下他和牛漢等「一小撮」，依然被棄置在冷清的向陽湖。等到終於被允許回京後，沒過多久，他就默默地死去了。他死在十年「文革」尚未收場的陰冷、沉悶、昏暗的前夜。

二十世紀四十年代前期曾與孟超一起，在桂林編輯雜文刊物《野草》的聶紺弩說：「孟超會寫文章……誰知幾十年之後，全國解放多少年後，大家有飯吃了以後，竟以會寫文章而死！」

反右派運動結束後的某一年，孟超在王府井大街邂逅聶紺弩。老友相見，孟超上前拉著聶去喝咖啡。邊喝咖啡，他邊對聶說，咱們是不是應該辦一個像《野草》那樣的刊物啊？聶覺得他太天真，「《野草》的時代過去了」，搞不好，還會討一場沒趣。分手時，兩個人

相約各向有關領導方面去摸底。而摸的結果,自然是並未出現什麼「草」之類的雜文刊物。

誰知道呢?天真而又樂觀的孟超,內心充滿了激情的孟超,寫過詩、寫過小說、還寫過雜文的孟超,過了幾年,怎麼就突然寫起了崑曲哪?

他認為,《李慧娘》是一出「抒發感情之戲」。他特別欣賞中國古代著名劇作家湯顯祖的「尚情論」,以為,「情之纖細者微至於男女之私,放而大之,則義夫義婦,與國與民,散之四合,揚之寰宇,而無不足以使芸芸眾生因之而呼號,因之而哀傷,因之而悲哭,因之而興奮,因之而激發,因之而變為力量,形之於行動,潛移默化,似固無跡可尋者,然而動人心魄,勵人進取,乃可泣鬼神而奪造化之功」。

因此,他寫《李慧娘》,正如他自己所說,不過是「借戲言志」,「借此麗姿美麗之幽魂,以勵人生」。寫作《李慧娘》時的孟超,「義溢於胸,放情的歌,放情的唱,放情的笑罵,放情的詛咒;是我之所是,非我之所非,愛我之所愛,憎我之所憎,是非愛憎無不與普天下人正義真理契合溶結而為一」。

然而,誰能預料到,懷著一腔豪邁、壯烈的激情,「試潑丹青塗鬼雄」的孟超,最終竟因這出「鬼戲」而殞身喪命呢?

中國的很多地方戲曲裏,都有一齣戲,叫《紅梅閣》(亦稱《遊西湖》、《陰陽扇》)。這戲實則肇源於明代劇作家周朝俊的《紅梅記》。《紅梅記》中的一個次要人物李慧娘,到了《紅梅閣》裏,被塑造成了一個「莊嚴美麗的靈魂,強烈的正義事業的化身」,因而深受觀眾的歡迎。

孟超也很喜歡這齣戲。小時候，他便常於故鄉的草台社戲，「得睹李慧娘之麗質英姿，光彩逼人，作為復仇的女像，鬼舞於歌場之上，而不能不為之心往神馳；形影幢幢，見於夢寐，印象久而彌深」。

他尤其喜愛周朝俊塑造的李慧娘。其大膽無畏的英姿，使他魄動魂驚，銘感於心，久難釋懷。1959年秋季，孟超偶感寒熱，「病榻涼夜，落葉窸窣，蟲聲淒厲，冷月窺窗，李慧娘之影像，忽又擁上眼前……」

於是，他找出《紅梅記》，聊以自遣，又翻閱相關小說、史傳、傳說等資料。於反覆吟哦之中，生出種種奇思異想，覺得倘以當時時代背景為經，以李慧娘、裴禹情感為緯，著重抒寫李慧娘拯人、鬥奸、復仇的正義豪情，「雖幽明異境，當更足以動人心魄」。

病好以後，他與對戲曲很有造詣的友人張真談及此事，張深以為然，極力攛掇他重寫此戲。不久，北方崑劇院負責人金紫光也聽說了，更建議他寫成崑曲。

《李慧娘》劇中人物速寫（李克瑜畫）

1960年，孟超利用春節假期，以不能自已之情，一氣呵成，形諸筆墨，寫出了崑曲《李慧娘》的初稿。上班後，即交給了北方崑劇院。

1961年7、8兩個月合刊的《劇本》月刊，發表了此劇初稿本。

這一年8月，北崑搬演《李慧娘》於首都舞臺。

《李慧娘》演出劇照

在《李慧娘》一劇中，孟超寫的是：南宋末年，元軍進攻襄樊，都城臨安告急，而奸相賈似道卻按兵不動，沉迷於聲色犬馬；滿懷救國熱情、不畏權勢的太學生裴舜卿，在賈似道偕姬妾游西湖時，當面痛斥他荒淫無道、誤國害民；賈的侍妾李慧娘見此憂國拯民的磊落奇男，不禁傾慕讚歎，脫口而出道：「壯哉少年！美哉少年！」不料被賈似道聽見，即令回府，兇殘地將李慧娘殺害。又派人將裴舜卿劫持到相府內集芳園，準備害死。埋在集芳園牡丹花下的李慧娘幽靈不散，化為鬼魂，救裴舜卿於危難之中，而且又以大義凜然之正氣，怒罵賣國害民的賈似道，並一頭把他撞昏在地上。

孟超新編的這齣戲，成功地塑造了敢愛敢恨、憎愛分明、被害死後變為鬼魂復仇的李慧娘的藝術形象。經過導演、演員及劇組成員的通力合作和精湛的藝術創造，女主人公的形象在舞臺上，更加光彩奪目、美麗動人，賦予此劇一種「全面的豐富、壯美的資質」。

　　演出後，立即引起轟動，觀眾、專家交口稱讚，在京華戲曲舞臺上，極一時之盛。

　　《光明日報》、《人民日報》等首都報刊紛紛發表評論，予以熱烈的肯定。廖沫沙應《北京晚報》記者之約，以「繁星」為筆名，8月31日發表了〈有鬼無害論〉一文，肯定這是「難得看到的一齣改編戲」，還指出：應當把戲臺上的鬼魂李慧娘，看成是「一個至死不屈服的婦女形象」。

　　孟超在撰寫劇本的過程中，多次向他的同鄉、同學康生請教過。當時，擔任中共中央政治局委員、主管意識形態工作的康生，曾看過孟超的原稿，提過不少修改意見。據說，李慧娘對裴舜卿的讚歎，原來是「美哉少年！美哉少年！」根據他的意見改成了「壯哉少年！美哉少年！」劇院彩排時，他親臨劇場觀看，又建議把李慧娘的鬼魂戴的藍穗子改成紅顏色。還說，此戲一定要出鬼魂，否則他就不看。

　　1961年8月，《李慧娘》在北京長安戲院公演。康生親臨觀賞，並登臺祝賀演出成功，與孟超及全體演職員合影。接著，他又寫信給孟超，說「祝賀該劇演出成功」。他全面肯定了《李慧娘》的編導、音樂和表演，說這是「近期舞臺上最好的一齣戲」，讚揚孟超「這回做了一件好事」，還指示「北崑今後照此發展，不要再演什麼現代戲」。

10月14日晚，康生安排劇組到釣魚臺，給即將率領中共代表團出國參加蘇共二十二大的周恩來總理，專門演出一場。還派人派車，提前把孟超和李慧娘的扮演者李淑君，接到釣魚臺，設宴款待。董必武陪同周總理一起觀看。演出結束後，他們上臺表示祝賀，並與劇組合影留念。隨後，康生又和孟超等劇組主創人員座談，大講特講「改得好」，「演得好」，是北崑成立「五年來演得最好的一個戲」云云。

孟超特意請人文社的同事們去看戲。嚴文井邊看戲，邊對坐在旁邊的樓適夷輕聲說：「你看孟超，老樹開花了。」

古代文學編輯室的陳邇冬看過之後，填〈滿庭芳〉詞一首以示祝賀，題為〈北方崑曲劇院上演孟超同志新編《李慧娘》觀後〉，上闋云：「孟老詞章，慧娘情事，一時流播京華。百花齊放，古幹發新葩。重譜臨安故實，牽遐思、緩拍紅牙；攖心處：驚弦急節，鐵板和銅琶。」

平時就「好說話，無論何時碰到他，他一定是在說話，以壓倒別人的氣勢在說話」（聶紺弩語）的孟超，此時不無春風得意，和社裏的同事說起上述這些事來，頗有點喜形於色。

然而，政治風雲瞬息萬變，一場大風暴在人們不知不覺中，悄悄逼近了。1962年9月，在中國共產黨中央委員會八屆十中全會上，黨的最高領袖毛澤東特別強調：「階級鬥爭必須年年講、月月講、天天講。」

一貫善於看風使舵的康生，在此前的一次會議上，就對孟超的女兒陸沅說：「告訴你爸爸，別光寫《李慧娘》，還得寫別的東西。」十中全會召開前，他又送給孟超一張紙條，上邊寫著：「孟超同

志：請轉告劇協同志，今後不要再演鬼戲了。」

1963年，報紙上開始出現批判《李慧娘》的文章，認為表現鬼魂形象的《李慧娘》是「鬼戲」，是「宣揚封建迷信」，是「借古諷今」，「影射現實」，「攻擊共產黨的領導和社會主義」。甚至有人說，李慧娘鬼魂的唱詞「俺不信死慧娘鬥不過活平章」，意在反對國務院總理周恩來。真是欲加之罪，何患無辭！

這一年3月29日，中共中央批轉了文化部黨組〈關於停演「鬼戲」的請示報告〉。這個「請示報告」要求全國城鄉，一律停演帶有鬼魂形象的戲劇，並特別指出，新編劇本《李慧娘》「大肆渲染鬼魂」，「評論界又大加讚美」，「提出『有鬼無害論』，來為演出『鬼戲』辯護」。中共中央的批轉意見認為，「鬼戲」屬於「在群眾中散播封建迷信思想」。

《李慧娘》這齣戲，從此被打入冷宮。

《李慧娘》演出劇照

5月6日、7日，上海的《文匯報》連續發表署名「梁壁輝」的長文〈「有鬼無害」論〉，對孟超的劇本《李慧娘》和廖沫沙的文章〈有鬼無害論〉，進行了措詞嚴厲的批判。這是一篇頗有來頭的文章，實際上是毛夫人江青，通過中共上海市委，授意中共華東局宣傳部部長俞銘璜撰寫的。

而此時，曾經大肆鼓吹、極力慫恿排演舊戲、花旦戲和有鬼魂形象的戲的康生，表面上似乎仍在「寬慰」和「回護」孟超。不但請孟超到他那裏去交談，而且在8月11日的一次會議上還說：「周揚同志告訴我，孟超寫了檢討，其實不一定寫檢討。」

1963年12月12日，毛澤東在給彭真和劉仁的一封信中，做了如下批示：「各種藝術形式——戲劇，曲藝，音樂，美術，舞蹈，電影，詩和文學等等，問題不少，人數很多……許多部門至今還是『死人』統治著……許多共產黨人熱心提倡封建主義和資本主義的藝術，卻不熱心提倡社會主義的藝術，豈非咄咄怪事。」

崑曲劇本《李慧娘》，孟超編劇，陸放譜曲，顏梅華作圖，上海文藝出版社1962年5月出版。

1964年1月3日，劉少奇召集中宣部和文藝界三十餘人舉行座談會，周揚在會上傳達了毛的上述指示。當周揚說到停演「鬼戲」時，劉少奇插話說：「我看過《李慧娘》這個戲的劇本，他是寫鬼，要鼓勵今天的人來反對賈似道這樣的人，賈似道是誰呢？就是共產黨。……《李慧娘》是有反黨動機的，不只是一個演鬼戲的問題。」

1963年底，人文社把孟超的工資，從編輯五級提高到編輯四級，經副社長兼總編輯韋君宜同意，上報批准。江青得知後，批示道：「誰同意給這個反黨分子提級的？就有陰謀，要追查。」韋知道以後，嚇出一身冷汗。到了1964年，孟超竟被「停職反省」。

1964年夏天，在北京舉行的全國京劇現代戲觀摩演出大會上，康生在講話中明確指出，《李慧娘》是「壞劇本」，崑曲《李慧娘》是「壞戲」的典型。還聳人聽聞地說：孟超和廖沫沙要「用厲鬼來推翻無產階級專政」，「李慧娘這個鬼說要報仇，向誰報仇？就是向共產黨報仇！」他又裝腔作勢地問道：「為什麼出現了牛鬼蛇神，出現了《李慧娘》這樣的鬼戲？」

於是，孟超寫《李慧娘》，就成了一個嚴重的政治錯誤，而且一直久拖未決。「文革」來臨後，孟超被揪鬥，被毒打，被抄家，被關進「牛棚」，他所有的珍愛的藏書全部被抄走，他本人則受盡了非人的折磨和凌辱。

中共中央成立了孟超專案組，負責人正是翻雲覆雨、權傾一時的康生。在康生的授意下，專案組逼迫孟超交出了康生曾寫給他的兩封讚揚《李慧娘》的信。他保存的康生看完《李慧娘》首場演出後，與他以及劇組成員的一張合影，也被康生派人來強行拿走。

事情至此，康生仍不肯甘休，又誣陷孟超為「叛徒」，欲置之於死地。江青也親筆批示，說他是「一個重要叛徒，反革命分子」。

蒙此不白之冤的孟超，感到無比悲憤和萬分冤屈。在走投無路中，他選擇了以死抗爭。服毒自殺後，被家人發現，送進醫院搶救。專案組的人對醫生講：「這是一個大叛徒，可不能讓他死了！」他又被搶救了過來，繼續承受沒完沒了的苦難。

他的家人也都受到了株連：夫人凌俊琪不堪其苦，身染重病，終於在1970年底，不治而逝；他的幾個女兒，有的被發配到農村，交「群眾監督勞動」，有的被放逐到工廠，有的被無端批鬥，無情折磨；女婿也跟著受難遭殃，四女兒孟健的丈夫、北京人藝的著名演員方琯德，亦被打成「叛徒」；他的幾個外孫女，也皆因此而被迫失學。

1902年3月1日出生於山東諸城的孟超，早於1924年至1927年在上海大學讀書期間，就加入了中國共產黨。畢業後，在上海從事左翼文化（文學）活動和工人運動。他還是「太陽社」的發起人之一，熱情倡導和鼓吹「革命文學」。1932年初，因在滬西組織工人罷工而被捕，判刑半年，之後轉入蘇州反省院，後由親屬保釋出獄。抗戰爆發後，他參加了第五戰區的抗日救亡工作隊。四十年代，他輾轉於桂林、貴陽、昆明、重慶、香港等地，教書，編報刊，寫作。

他生活清苦，抗戰時期家裏常常斷炊。聶紺弩對他的第一印象，就是窮。所以，他必須寫文章，賺稿費，來養活家裏的四五口人。但他寫文章又有一個特點：不僅會寫，而且出手極快。孟超平時不想寫文章，也沒有文章可寫，得不寫時就不寫。他的文章都是別人「要」出來的。他不怕別人給他出題目，似乎天天在拍著胸脯說：「你們出

題目吧！」只要手裏有管筆，筆下有張紙，屁股下面有張凳子，他的文章就來了。

他雖然清瘦，卻精力旺盛。一天到晚，這裏那裏跑個不停。別人對他讚歎說：「孟超，你的精神真好！」他則答道：「精神不死，哈哈，精神不死！」

他有詩集《候》、《殘夢》，小說集《衝突》、《骷髏集》，雜文集《長夜集》、《赤偃草》等作品問世，但最著名、也給他帶來了極大聲譽的，還是五十歲以後編寫的崑曲劇本《李慧娘》。

有人覺得，孟超筆下的李慧娘，生前懦弱，死後堅強，雖然很感動人，但畢竟虛無空幻，寄希望於渺茫，也難免有過屠門而大嚼，聊且快意，而無補於現實。孟超卻認為，李慧娘生前受盡壓迫凌辱，白刃當前，而敢與權奸拼死鬥爭，染碧血，斷頭顱，寧死不屈，化為幽魂，不僅為個人復仇雪恨，而且救出自己傾心鍾情的裴舜卿，並以黎民為念懷，不忘塗炭之生靈，「如此揚冥冥之

《李慧娘》劇中人物速寫（李克瑜畫）

正義，標人間之風操，即是纖纖弱質，亦足為鬼雄而無慚，雖存在於烏何有之鄉，又焉可不大書特書，而予以表彰呢」？

1979年，孟超的沉冤得到了平反昭雪之後，氣貫長虹、可敬可愛的李慧娘的形象，又重新在藝術舞臺上大放異彩。

三聯書店和光明日報出版社，也於八十年代先後重印了孟超的舊作《〈金瓶梅〉人物》和《水泊梁山英雄譜》。這兩個關於兩大中國古代文學名著人物形象分析的小冊子，儘管字數都不算多，但寫得非常精彩。

比如，在對婦孺皆知的武松的「庸俗不堪的奴才相」進行了一番分析之後，他認為，武松在梁山泊「算不了最出色的好漢頭兒」，既比不上天真質樸、具有典型農民性格的李逵，豪邁無私、湖海英氣的魯智深，一生浸淫在悲劇生涯中的林沖，也與痛恨官府、同情弱小的阮氏三雄、劉唐之輩，有天壤之別。因為《水滸》源出於說書評話，經過文人學士的收集貫串而成書，所以，武松被鮮明地賦予了士大夫的思想觀念，只不過「是一個士大夫心目中的好漢」，還「不夠草莽英雄的標準」。如果說他是英雄，怕也只有打虎一舉而已。

像這樣的獨特見解和精闢論述，在這兩本書中，不勝枚舉。

曾和孟超在咸寧「五七幹校」一起勞改的牛漢說，那時的孟超，成天歪著嘴巴，叼著煙捲兒，有一肚子故事，陳邇冬稱他「鬼話連篇」。

冬日的一天，向陽湖畔落下了一場雪，牛漢用手指頭在雪地上，給孟超畫了個像：雪地上的孟超，光禿禿的頭頂，隆起的脊背，眼睛眯細著，凝視著人生。

　　旁邊有人看著雪地上的孟超像，說：「待不上兩天，太陽一曬，就化成了水。」孟超咯咯地笑著說：「正好，正好！太陽一曬，有的人往上長，我卻只能入地。我寧願入地。」牛漢還專門寫了一首詩，記下此事，詩題為〈把生命化入大地〉，其中有云：「孟超的形象／被時間的風雨／沖刷得異常的簡潔／只剩下彎曲的骨骼／和不彎曲的心靈。」

　　1975年6月，中央專案組把孟超定為「叛徒」，並開除了他的黨籍。而生性倔強的孟超，卻堅決拒絕在這個強加給他的莫須有的結論上簽字。

　　這一年秋天，孟超才獲准回京。回京後的孟超孤身一人，街道辦事處就在胡同裏找了一個婦女，幫他做做飯，當然這個人還有一個重要的任務：監視他的行動。

　　冬季的一日，他沒留神，取暖和燒水的煤爐火滅了，天又陰，屋裏冷得很。他伸手摸摸口袋，裏邊還有點錢，就走到新僑西餐廳去。餐廳裏顧客不

青年孟超在上海

多，服務員對這個一直要求點菜，瘦小枯乾、牙齒不全、衣著邋遢的老頭兒，帶答不理，連菜單也不給他拿來看。服務員被催煩了，把筆紙往桌上一扔，讓他自己寫。他很快寫出了一份最經濟實惠的功能表，交給服務員。服務員一看驚呼起來：「字寫得真好！」幾個服務員又湊在一起議論說，「這老頭兒還不看菜譜就點菜」。不久，菜就給他上來了。

有時，樓適夷去看他，只見他一個人，在屋裏枯坐著讀《毛選》。他的書已被抄得乾乾淨淨，只剩下了這一本。偶爾，他會拄著拐杖，到樓適夷家，借幾本小說拿回去看。

1976年暮春的5月5日，孟超在愁悶、悲苦和鬱憤之中，喝了一場悶酒。第二天清早，那個監視他的婦女去敲他的門，敲了半天也敲不開，就打開門進去，發現孟超躺在床上，鼻子流血，已經斷氣了。

孟超已是家徒四壁，除了一個小鬧錶，什麼值錢的東西也沒有。那個婦女

孟超著《水泊梁山英雄譜》，聶紺弩、張仃作序，張光宇插圖，生活·讀書·新知三聯書店1985年10月出版。

転身去街道報信，順手也把小鬧錶給抄走了。

　　三年後的1979年10月12日，人文社在北京八寶山公墓，為孟超舉行追悼會。樓適夷送了一副輓聯：「人而鬼也，鞭屍三百賈似道；死猶生乎，悲歌一曲李慧娘。」聶紺弩作〈輓孟超〉一首，詩云：「獨秀峰前幾雁行，卅年分手獨超驤。文章名世無僥幸，血寫軒書《李慧娘》。」

　　小時候，孟超和康生在一起讀過書，他們倆還是親戚，康生的姑母嫁給了孟超的哥哥。據說，兩個人同台演出過話劇，又一起進上海大學讀書，孟超讀文學系，康生讀社會系，後來同在中共地下黨滬西區委工作過。康生從山東去上海，曾得到過孟超的岳父趙孝愚的資助。1928年孟超和夫人凌俊琪在上海結婚，介紹人就是康生、曹軼歐夫婦。1956年康生調到中共中央工作後，兩家仍有來往。

　　然而，直接參與和親手製造了《李慧娘》這個冤案，並最終導致孟超含冤

孟超寫的學習體會和自我檢查手稿
（1954年5月20日）

而死的元兇，恰恰就是他的同學、同鄉、親戚，那個「馬克思主義理論家」，「文革」中炙手可熱的大人物——康生。

　　這，恐怕是孟超，以及其他善良的人們，無論如何也想不到的吧？悲夫！

2006年3月25日寫於朝內大街166號北窗下

10月23日改定

1959年，孟超（二排右一）與康生（二排左八）、曹軼歐（二排左五）夫婦，以及梅蘭芳（二排左六）等人觀看青島茂腔劇團演出後與演職員合影。

樓適夷

——用自己的頭腦思考

樓適夷是1926年加入中國共產黨的老黨員，我到人文社的時候，他是社裏尚健在的資格最老的一位前輩，人稱「樓老」。

1918年他就從家鄉浙江餘姚，到上海他父親做副經理的徵祥錢莊學生意，在這個現代大都會受到了五四運動的洗禮。1922年他開始寫小說，向周瘦鵑編的《先施樂園報》、《新世界》，以及《禮拜六》等「鴛鴦蝴蝶派」的報刊投稿。1923年，他認識了創造社的郭沫若、成仿吾，他的第一首詩便發表在創造社的雜誌《創造日》上。五卅運動前後，他又結識了郁達夫。

1927年初，他參加過兩次上海工人武裝起義。這一年2月，北伐軍打到他的家鄉後，他被派遣回鄉，公開身份是國民黨縣黨部組織部長，實際上秘密擔任中共餘姚地下黨負責人，領導工人運動、農民運動和鹽民運動。蔣介石發動四一二政變後進行「清黨」，他在故鄉待不下去了，只好返回

上海。不久，即加入了極力地鼓吹無產階級革命文學運動的「太陽社」，成為中國左翼作家聯盟最早一批盟員，投身於無產階級革命文學運動。

　　他和魯迅關係密切，魯迅在書信裏多次稱他為「適兄」。1932年夏秋之間，魯迅曾兩次會見著名紅軍將領陳賡，瞭解紅軍和蘇區的情況。第二次，便是他陪同陳賡前往魯迅寓所的。1933年8月，他擔任反帝大同盟黨團書記，不久即被捕。魯迅想方設法進行營救，通過英國馬萊爵士向中國駐英國大使館提出抗議，要求釋放他，還為此找過蔡元培、柳亞子。1937年7月，出獄回到上海的第二天，他就和馮雪峰一起去拜謁魯迅墓。

1986年3月17日，樓適夷（右三）與參加馮雪峰學術討論會的代表合影（左一林辰、左二陳明、左三韋君宜、右一黃源、右二李何林）。

在學校讀書的時候，就知道1934年魯迅和茅盾曾受美國人伊羅生的委託，編選過一部名為《草鞋腳》的中國作家的短篇小説集，其中選收了樓適夷（當時的筆名是「樓建南」）描寫鹽民苦難的小説〈鹽場〉。1984年底到人文社後，就極想拜見這位左聯時期的老作家，但他早已離休，只擔任「顧問」職務。

1986年3月中旬，全國第一屆馮雪峰學術討論會在國誼賓館舉行。那是北京乍暖還寒的季節，早晚依然頗有涼意。沒想到已逾八十高齡的樓適夷，也趕來參加開幕式，還講了話。

他是個小個子，滿臉皺紋；表情生動而古怪，一種似笑非笑樣子，開口説話時更明顯了；話語裏夾帶著濃重的家鄉口音；喘得特別厲害，間或咳嗽著，喉嚨裏還發出「嘶──嘶──」的鳴叫。我當時頗有一點擔心，真怕他接不上氣。

然而，他就這麼喘著、咳著，居然平安無事地把話講完了。

他具體講了什麼，如今是全不記得了，但給我的印象是，他表達了對馮雪峰的一種異乎尋常的深摯情感。果然，在1994年出版的《適夷散文選》中，他寫的懷念友人的文章，如老舍、應修人、殷夫、郁達夫、潘漢年、蕭三、胡風、傅雷、聶紺弩等等，一般都是一人一篇，唯獨馮雪峰一個人，他寫了三篇，有〈詩人馮雪峰〉、〈雪峰啊雪峰〉和〈懷雪峰〉，足見他對馮雪峰感情之深。

1928年下半年，樓適夷進了上海藝術大學。後來藝大的學生參加了法租界電車工人的罷工，法國巡捕房把藝大包圍起來，抓走了幾十個人。他雖因碰巧沒在校內而未被捕，但不能再回學校了，於是組織上安排他1929年9月到日本去。1931年4月他回到上海，被分配做了

左聯宣傳部副部長，直接在左聯黨團書記馮雪峰領導下工作。1933年6月，馮雪峰調任中共江蘇省委宣傳部部長，他則去當了宣傳部幹事。

在白色恐怖中，他和馮雪峰冒著生命危險，並肩攜手，同甘共苦，傾力工作。他們一起東奔西走，一起挨餓，還曾同在赫德路一個小巷的陋室裏，夜裏蓋著一條被子，熬過了一個寒冬，早晨圍著一個小火爐子，燒水洗臉。他倆一起跑印刷所，改校樣，陪著工人聊天；一起悄悄地把剛印好的左聯的秘密文學刊物，運到自己住的亭子間，把印張折疊起來，然後再一處一處地散發出去。

馮雪峰脾氣躁，愛罵人，他就挨過雪峰的罵。有一回，馮雪峰讀了他寫的一篇參加論爭的文章，氣憤地把稿子一扔，說：「這樣的文章，一點條理也沒有，論據不結實，怎麼能拿去發表哪？」

馮雪峰還時常責備他：「你去日本學習了三年，簡直什麼也沒有學到嘛！」

青年樓適夷（1928年攝於上海）

　　自然，他也最瞭解完全不替自己作絲毫打算的雪峰。有一段時間，馮雪峰和妻子、女兒住在一間地下室，屋裏黑得白天都要點著電燈。而馮雪峰卻整天在外邊跑，很少有時間回家，經常連坐車的錢也沒有。

　　「給我一塊錢！」馮雪峰見到他時常常這樣説。他便從口袋裏掏出所有的錢來，分一些給馮雪峰。「想寫點稿子，一點時間也沒有！」馮雪峰邊接過錢，邊説著，隨後急匆匆地走了。也許妻子在等著他的錢買米吧？

　　在患難與共、捨生忘死的地下工作中，他和馮雪峰結下了深厚的友誼。1951年馮雪峰擔任了人文社的社長兼總編輯之後，第二年就把他調進來做了副社長兼副總編，主持全社的日常行政事務，以及中國現代文學作品和外國文學作品的編輯出版工作。在實際工作中，他積極貫徹落實了馮雪峰制定的「古今中外，提高為主」的方針，使初創時期的人文社有了一個比較良好的開局。

　　他從「氣派大，方式活」的日本出版業得到啟發，也受到商務印書館大規模、按計劃、有系統地編輯出版「四部叢刊」、「萬有文庫」的影響，主張作為國家專業文學出版社，人文社出書不能零打碎敲、雜亂無章，而應當成批成套地推出大型系列叢書套書。對圖書的裝幀設計、印製質量，他也有自己的見解，認為書籍不是看過就扔的報紙，「不但要美觀，更重要的是堅固」。

　　馮雪峰的看法與他不盡相同。馮雪峰對出書講規模、講氣派不以為然，認為出版物的關鍵是內容質量。尤其叢書更應慎重，質量水平尤其不能有參差。一次，他隨手拿起一本新印出的圖書，對樓適夷

說：「這有什麼不好？你這個人呀，就是專講形式嘛！」而他又說服不了馮雪峰，有些想法也只好作罷。

樓適夷不但熟悉中國文學，對外國文學也涉獵很廣。日本文學更是他的「看家本領」。他翻譯過小林多喜二的《蟹工船》、井上靖的《天平之甍》，以及志賀直哉的小說、壺井繁治的詩，還從日文轉譯過阿·托爾斯泰的《彼得大帝》、高爾基的《在人間》等作品。他與外國文學翻譯界有著廣泛的聯繫和良好的關係。

著名翻譯家傅雷有一個名字叫「怒安」，語出「聖人一怒安天下」。他不敷衍，不苟且，不妥協，動不動就發怒，一言不合，便拍案而起，絕裾而去。他的譯文如果你動了，他就會和你大吵，甚至會寫「萬言書」來和你辯論，而且裝幀設計包括版式、字體、用紙等他都要過問，毫不讓步。

人文社出版他的譯著，責任編輯以及美編、版式設計、責任印製等等，說起傅雷來都感到頭疼，覺得他很難打交

樓適夷翻譯的部分日本文學作品書影

道。由於「孤島」時期樓適夷和傅雷結下了深情厚誼，每當編輯及其他人和傅雷出現分歧，形成磨擦，鬧得不太愉快的時候，都是由他出面調解、斡旋，最後化解了矛盾的。

1957年春，樓適夷到南方去旅行度假。到了上海，傅雷又為他準備好房間，非叫他住在家裏不可。抗日戰爭的最艱苦歲月，在上海堅持地下鬥爭的樓適夷，好多次遇到危險，傅雷都毫不猶豫地安排他住在自己的家裏避難。這一次情況已經完全不同了，傅雷還是熱情地款待他。

他們在一起有談不完的話，傅雷向他表達了對黨的工作上的缺欠和某些幹部的工作作風的不滿。樓適夷提議一起到風景如畫的富春江去玩玩。傅雷說手頭的翻譯工作放不下來，讓他先回家鄉，遊過四明山和天臺山，回到杭州，他們再一起去暢遊富春江。

樓適夷在天臺山頂的華頂寺，剛剛看過雲海日出，就聽到了中央號召大鳴大放、幫助共產黨整風的消息。富春江算是遊不成了，他只好匆匆趕回上海。傅雷還是非請他住在家裏不可，讓他安靜地待在他家的閣樓上寫旅途見聞，自己則整天去開會「鳴放」，抽不出時間來陪他，只有晚上向他說說開會的情況。

樓適夷無論如何也沒想到，他回京後不久，就傳來了傅雷受到批判的消息。據說，「罪證」是傅雷在會議上、報刊上對文化出版工作提出了一些尖銳的意見。上海方面還特地給他來信，要他揭發傅雷的「罪行」。雖然他覺得這是組織任務，對黨、對同志他都有不可推卸的責任，然而他寫不出什麼「事實」。不過，1958年春初他去上海開會，卻不敢上傅雷家了。

可偏偏中共上海市委宣傳部的一個負責人把他找去，讓他去幫助傅雷，說他們千方百計想挽救傅雷，不給他戴上右派的帽子，但他必須對自己的「罪行」有所認識。於是，樓適夷銜命登門勸說傅雷，而傅雷堅決不承認自己有什麼「罪行」。結果，傅雷還是戴上了帽子，但他絕不承認這頂帽子，後來又拒絕出席宣佈摘帽的會。

不久，厄運又降臨到了他的老友馮雪峰的頭上。

1957年8月14日下午，作協黨組召開擴大會議批判馮雪峰，文化部副部長夏衍對他進行了令眾人深感意外和震驚的「揭發」。夏衍除了列舉馮雪峰其他「罪狀」之外，還義正詞嚴地指責馮雪峰1936年由陝北赴上海途中，本有去尋找一支與中央失掉聯繫的遊擊隊的任務，而他拒不執行，致使那支隊伍被國民黨全部消滅，到上海後，又曾企圖把夏衍扭送租界巡捕房治罪。

這個發言，立即產生了爆炸性效果。會場一片譁然。人們始則半信半疑、將信將疑，繼而深信不疑。揭發者言之鑿鑿，由不得你不信。

此時，在地下工作中曾與馮雪峰一起出生入死、親如手足的樓適夷，信以為真地站了起來，指責雪峰用假像欺騙自己，氣憤地訴說自己受了雪峰的騙，接著，又鼻涕一把淚兩行地號啕大哭了一通。魯迅的夫人許廣平，也憤怒地發言斥責馮雪峰。會場氣氛更加緊張，引得很多人紛紛起來，七嘴八舌地怒斥馮雪峰。

樓適夷的痛哭，大大出乎馮雪峰的意料。對於這位與自己已有二三十年交情的老友的戲劇性表現，他既震驚、惶惑，又痛苦、不滿。後來，他痛心地對許覺民說：「倘沒有適夷這一哭，氣氛不會那麼緊張，情況可能會好一點。」

哭，是人的下意識本能。對於理
智尚不成熟的兒童來說，淚水尤其會成
為一種宣洩痛苦、表達委屈、紓解情
緒、籲求保護的經常性方式。俗話説：
「男兒有淚不輕彈。」樓適夷之大哭、
之痛哭，是發抒被朋友欺騙的憤怒和
傷心，是出於巨大的政治壓力下的恐
懼，還是在極為緊張異常的政治運動
氣氛中的一種失態呢？抑或是三者兼
而有之？

這次批判會之後，馮雪峰一家人被
「掃地出門」，搬到了東單草場胡同一
個大雜院的兩間小平房裏。樓適夷成了
他的原寓所蘇州胡同21號的新主人，
馮雪峰住過的這個小四合院轉而分配給
了他。

1947年，樓適夷在上海。

天長日久，樓適夷對自己的所作
所為，越來越感到內疚，越來越感到
自己對不起老戰友、老領導、老朋友
馮雪峰。

「文革」終於開場了。他先是坐了
三年「牛棚」，又去了「幹校」四載，
最後因為他1934年被捕入獄三年多而

被定為「叛徒」，之後「掛」起來五年多。用他自己的話説，「足足靠邊十二年」。

這十二年，對樓適夷而言，是難以忍受的創痛和淒苦；但是，假如沒有這十二年，他能得到靈魂的拯救與精神的甦醒嗎？

在他政治上不被信任的漫長歲月裏，當想起比他挨整時間更早、更長，所受的苦難更慘酷的雪峰的時候，想起雪峰受難時自己曾經落井下石，他該更痛悔、更自責，心裏該更另有一番苦澀的滋味吧？

後來，他寫緬懷亡友的文章，寫到馮雪峰，寫到傅雷，不能不想到自己當年的「積極回應」，「不管什麼老朋友，大義滅親」，不能不想到自己1957年發表的詩〈斥右派二首〉和文章〈馮雪峰是怎樣成為反黨分子的〉，而深感「愧對亡友」吧？

寫〈記胡風〉一文，到了看清樣時，他才又加了一句：「胡風落井，眾人投石，其中有一塊是我的，心裏隱隱作痛，實無面目重見老友。」又説：「對馮，對傅，可愧者多，如有時機，定當自補。」如果沒有「靠邊十二年」，他能説出這些痛愧的話嗎？

1976年1月30日上午，馮雪峰含冤辭世。樓適夷因所謂「叛徒」問題仍被「掛」著，馮雪峰住院開刀，他不得去探病；馮雪峰溘然而死，他不得去送終；甚至那個沒有悼詞的追悼會，他也沒資格去參加。

馮雪峰火化那一天，他買了一束潔白的塑膠花，早早趕到協和醫院，站在瑟瑟的寒風中，等了很久。看到遺體從太平間抬出來，放到了冰涼的水泥地上，才悄悄走上前去，捧著白花，默默地放在亡友的胸前……

一次，一個朋友和他談起了馮雪峰怎麼當上了「右派」的事。談著談著，他忽然靠在椅背上，眼睛裏湧出了渾濁的淚水，揮起拳頭，用力地不停地捶打著自己的胸膛，泣不成聲地說：「唉，雪峰呵，雪峰！在左聯作家中，他是第一個站出來維護魯迅的，他參加過長征，他是上海地下黨的負責人。他一邊寫作，一邊組織對敵鬥爭，連家都顧不上啊！甚至毛主席的兩個孩子，都是他派人找到，又送到蘇聯去的。他怎麼會反黨呢！他怎麼會反魯迅呢！別人不清楚，許廣平應該最瞭解的，連她都在罵雪峰啊……」

1957年「反右運動」之後，接著來了廬山會議彭德懷上書事件，於是又大反「右傾機會主義」。上面揪出了「大右傾」，下面就各處抓「小右傾」。樓適夷到文件室去看文件的時候，脫口說了一句：「批彭老總，我可有些想不通。」這話很快就被彙報給了運動的領導者。作協召開十七級以上黨員幹部批判會，樓適夷和小說家趙樹理，詩人郭小川、蕭三，被當做重點批判對象。之後，又大會小會，批判檢討個沒完沒了。

檢討自然要老實交待，他就「交心」說：「市場上沒有糖，沒有油，難道都是農民吃多了？」這樣一來，更符合「右傾機會主義」的條件了。於是，繼續批下去、檢討下去。幸虧「反右傾運動」匆匆收場，挨批者一一做了「甄別」，開會宣佈「無罪」，鄭重地賠禮道歉，說是「當時就不應該批」云云。他總算是躲過了一劫。

1958年下半年，原來作為人文社副牌的作家出版社，劃歸作家協會領導，他被調去擔任社長兼總編輯。已經發了內部通報，誰知沒過多久，忽又來了通知，說是上次「通報」錯了，改為「嚴文井任社

長，樓適夷任副社長兼副總編輯」。後來有一回，他倆在一起吃飯，嚴文井有了酒意，對他說：「我這個社長，當得莫名其妙，忽然通知我當的。」

到作家出版社後，發生了一件他沒有想到的「荒唐事」。他和責任編輯給歐陽山寫的長篇小說《三家巷》提了一些修改意見，這本來是正常的，但引起了作者的不滿，據説，這部作品是早就被領導做報告表揚了一番的。這可就闖了禍，招來了一場前所未有的急風暴雨式的大批判，連汽車司機和其他公務人員都坐滿了會場。弄得他為此丟了副總編輯的職務。

1960年，作家出版社又併入人文社，樓適夷也跟著回到人文社。雖然仍是副社長，但已降為第三副社長；雖說是兼任剛剛成立的編譯所的所長，但實際上只管編譯所。編譯所的成員由社內的一些專家學者組成，分為中外文兩個組，分別承擔中國作家文集的編訂、注釋、校勘、選錄，以及外國文學名著的翻譯工作，也就是自己當著譯者。

《適夷散文選》，封面設計柳成蔭，人民文學出版社1994年12月出版。

　　編譯所大多是「有問題」的人。被打成「右派」的第一任社長馮雪峰，出了獄的「胡風分子」牛漢、綠原，「右派分子」舒蕪，都安排在這裏。不久前成了「右傾機會主義分子」、被撤了職的第二任社長王任叔，也到了編譯所。作協的「右派」蕭乾，解除了「勞教」，也進來了。鼎盛時，全所多達四十餘人。

　　在「革命群眾」看來，編譯所成了一個「牛鬼蛇神窩子」，樓適夷這個所長也就成了「牛鬼蛇神總頭目」。對他們這些人，「革命群眾」自然是另眼相看的。

　　儘管如此，樓適夷卻興致頗高。他實行「無為而治」，「淡化政治，突出學術文藝」，基本上不干預每個人的具體業務。他還提議創辦了一個刊登所內同事的文史隨筆小品的內部油印刊物，名曰《新角》。表面上似乎指編譯所所在的出版社東南角落的位置，實際上隱含著「新的號角」之意。

　　舒蕪回憶說：「忽然有一次，由出版社請編譯所全體人員到鴻賓樓吃飯；還有一次，所裏組織大家集體遊頤和園，晚上在五芳齋吃飯；我下放山東，全所在曲園酒家為我餞行。這些『文酒之會』，『反右』『反右傾』以來嚴酷的空氣下，都已經久違，現在忽然恢復，似乎是種信號，讓人感覺到有一點點恢復專家待遇的樣子。特別是『分子』們，本來都是『階下囚』的政治身份，這一下似乎又成了『座上客』了。大家嘴上不說，心裏都是敏感的。樓適夷在這中間肯定起了大作用。」

　　「文革」前夕，編譯所的幾個同事站在樓道裏，一起議論正在作為「反面教材」上演的《早春二月》等幾部影片。曾因說話獲罪的樓

適夷，似乎是「好了傷疤忘了疼」，突然冒出了一句：「吃不得幾天飽飯，又要折騰了。」後來，他又私下裏對蔣路說：「這一次，所謂三十年代人物要給一網打盡了。」

「文革」一開始，他就成了「走資派」，和編譯所的「牛鬼蛇神」一起，進了文化部的大集訓班，到社會主義學院去「集訓」。不久，又回到社裏，關入「牛棚」。一次開會，要每個人談「學習體會」，互相批評。舒蕪按照當時的調子，談了一通對「三十年代文藝黑線」的認識。樓適夷在提意見時，或許以為他談得還有些「條理」吧，讚賞地說「體會得不錯」，還建議舒蕪將來「寫一部中國新文學史」。

沒想到在那樣的時刻，他竟然說出這樣不合時宜的話來。舒蕪正在不安，「同棚」的一位女士，本是1949年以後歷次政治運動的急先鋒，「文革」中卻被當做「文藝黑線打手」揪出來了，她尖銳地發言道：「樓適夷還要舒蕪寫中國新文學史！中國新文學史還要由舒蕪來寫，文化大革命不是白搞了嗎？」

頓時，全場充滿了濃烈的火藥味，眾人相顧悚然。

「牛鬼蛇神窩子」編譯所的辦公室，被用來做了關這些「牛鬼蛇神」的「牛棚」。「牛鬼蛇神總頭目」樓適夷的辦公室，也被「革命群眾組織」徵用了。他的辦公桌的抽屜鎖被撬開了，沒想到裏邊竟然塞滿了「小報告」。一個「右派」翻譯家在這些每週一次寫給所長的「思想彙報」中，大量地「揭發」、「檢舉」編譯所同事的「反動言行」。

於是乎舉座皆驚，當即召開批判會，勒令樓適夷和那個打「小報告」者交待他們是如何「迫害革命群眾」的。

那個打「小報告」的翻譯家囁嚅著說，自己之所以寫這些東西，純粹是出於「技癢」這個職業病，因為自己是「耍筆桿」出身。而樓適夷則一口咬定，這些「小報告」他壓根一份也沒看過。

1969年9月，樓適夷也被趕到湖北咸寧向陽湖「五七幹校」勞動改造。年近古稀的他也得下水田勞動，每天在勞動大軍裏都能看見他的身影。他跟著上工的大隊人馬，日出而作，日落而息，和另外幾個年齡大的老者常常落在後邊。有時他一個人，披一件淡紅色的透明雨衣，拎著個小馬紮，蹣跚在狹窄而泥濘的小路上，嘴裡還跟著高唱幹校校歌：「我們走在五七道路上，精神抖擻，鬥志昂揚……」

雖經反復內查外調，並無一點證據，但幹校的軍代表仍要把他定為「叛徒」，非逼他承認不可。還對他說，如果承認了，就可以按人民內部矛盾處理，放他回家探親看病。疾病纏身的樓適夷，不堪折磨，被迫在為他準備好的定他為「叛徒」的結論上簽了字。

1995年，九十高齡的樓適夷在團結湖寓所書房。

入骨情深玉雪清隔溪一見眼波秋
明筋消造化幾多力勾引東風
筆限情素彩只因天上謫繁枝
疑自月中生訝人冷似王摩詰
冷淡幽奇寫不成 蓋傅山古梅詩

遐夷

樓適夷手跡（書傅山〈古梅〉詩）

後來，嚴文井、韋君宜等「走資派」先後恢復了「革命幹部」的身份，運動初期揪出來的其他「革命對象」也都被「解放」了，只剩下包括樓適夷在內的五個人，給甄別出來，什麼政治活動都不准參加。

「幹校」解散之前，駐地的村民紛紛來向即將回京的五七戰士們推銷土特產品。一天，樓適夷發現了據說有神奇藥效的一枚大靈芝，但可惜剛剛被另外一個人買下了。他便要求那個人讓給他，可對方不肯，於是兩個人爭執起來，直爭得臉紅脖子粗。在場的第三者見兩個人又氣又急，互不相讓，只好出面進行了一番斡旋。

最終得到了靈芝的樓適夷，如獲至寶，立即轉怒為喜，幾乎手舞足蹈起來。

1973年從「幹校」回京之後，他繼續接受審查。直到1978年，在時任中央組織部部長胡耀邦的親自過問下，他終於獲得平反，恢復了黨籍。

樓適夷的幹部級別是副部級，可以有專車，但他不要；可以配秘書，他也

不要。就連比別人高一些的工資，他拿著都不安心。總是說：「我沒幹什麼事，還享受這麼高的『俸祿』，太不應該了！」

有一年，陳早春陪他從杭州乘火車回北京。開始，陳「謹守晚輩的身份，不敢輕易言笑，奉命惟謹」。可是一路上，樓適夷主動與他聊家常，還掏錢為他置飯，言談舉止沒有一點「長」的派頭，更沒有「長」字型大小人物不可或缺的「哼嗯呵呀」之類的腔調。「沿途說說笑笑，冷不防還哼起歌來。他的嗓子並不高明，唱到得意處還要聽我的評價。我實在不敢恭維。他笑笑，過會兒，又在無腔無調地唱。」

1980年，夏衍寫了〈一些早該忘卻而未能忘卻的往事〉一文，仍然不顧歷史事實，繼續對已經作古的馮雪峰進行責難。樓適夷立即拍案而起，寫了一篇文章〈為了忘卻，為了團結──談夏衍同志「一些早該忘卻而未能忘卻的往事」〉，澄清事實，駁斥夏衍，為馮雪峰辯誣。發表之後，很多人對他撰文主持公道，都甚感敬佩，紛紛引以為據，進行「撥亂反正」。

1981年5月7日上午，周揚主持召開老作家座談會。在會上，樓適夷當面批評了周揚和夏衍的宗派主義。周揚表示這個問題以後再談。

八十年代初，牛漢有感於不遛鳥「它就忘記了飛翔和歌唱」，寫了一首詩〈遛鳥〉。樓適夷讀後，感觸很深，見到牛漢，開玩笑地說：「你又闖禍了，怎麼寫這種詩，這不是諷刺社會主義制度嗎？」

聶紺弩說樓適夷「儘管有時簡單」，「但表裏如一」。姜椿芳說他「有時行事像個小孩」，為了爭一把椅子，他曾與一個女同事在辦公室大吵了一場，過幾天又和好如初。王元化說他是「性情中人」，

有一顆「赤子般真率的心」。梅志説他是「單純」的「好人」。綠原認為他是一個「胸無城府」、「純真可愛的老兒童」。許覺民覺得他「雖不免有時激動難抑，情感多於理智，但不失其真」。舒蕪稱他為「老天真」。

樓適夷晚年寫過一篇文章，叫〈自得其樂——話老年三事〉，內容包括「話記憶」等三個部分。第三部分「話改造」提到蕭伯納説過的一句話：「有的人在自己的腦子裏讓別人跑馬，人云亦云，省力甚多。」接著他又寫道：「腦子這個器官，是專司發號施令的，要管住自己的腦子，談何容易。」

曾經天真、輕信，甚至盲從過的樓適夷，寫下這句話的時候，心中一定百感交集吧？他終於明白，用自己的頭腦來思考，是何等的重要！

1989年7月24日，樓適夷哮喘病發作住進協和醫院。26日在病榻上，他致函西子湖畔的一位老友，其中有云：

「平生有憾事，想來一笑中。」
1988年順全為樓適夷攝影並題字。

中國人民的命運，不幸被魯迅先生一語道盡，至今未變易，吾輩小子還有什麼可說。不過生而為人，不忘為人之道，不拜偶像，不念符咒，權力不等於真理，歷史必有判斷，為可信耳。

　　文章寫到該結束的時候，不知為什麼，初見樓老時他那張佈滿皺紋、猶如核桃皮似的臉，竟在眼前鮮活地晃動起來。於是，又聯想起他的一樁趣事來——

　　在「幹校」時，他每天早晨醒來的頭一件事，就是抓起床前桌上的大漱口缸，咕咚咕咚地喝幾口泡了一天或者是兩天的涼濃茶。

　　一次，茶水喝下去以後，他覺得味道有些不太對勁兒。仔細一看，大驚失色：茶缸裏泡的茶葉底下，竟然有一隻死老鼠！

　　此後的幾日，眾人皆替他擔心，而他卻安然無恙。

　　　　　　　　2006年4月15日於朝內大街166號北窗下
　　　　　　　　10月10日改定

巴人

——「在我夢底一角上組起花圈……」

「莎士比亞的華麗＋拜倫的奔放＋道斯托以夫的顫鳴＝直立起來的《科爾沁旗草原》」

這是二十世紀四十年代，巴人在題為〈直立起來的《科爾沁旗草原》〉的評論文章裏，寫下的一個「公式」，用來評價端木蕻良的長篇小說《科爾沁旗草原》。端木蕻良是「東北作家群」的成員，《科爾沁旗草原》是他的代表作。在北師大讀書的時候，碩士學位論文寫的是「東北作家群」。這個「公式」，對於研究端木蕻良，有很大啟發。同時，也牢牢地記住了文章的作者「巴人」。

巴人，即王任叔，五四時期文學研究會的小說家。他出道很早，1922年起，就開始在《文學旬刊》、《小說月報》上發表詩和小說。鄭振鐸讀了他的詩，說他是「最初在中國唱輓歌的人」，不久便介紹他加入了文學研究會。他刊登在1925年《小說月報》第16卷第11期的短篇小說〈疲憊者〉，生動地

描寫了江南農民運秧駝背的形象，被茅盾選入了《中國新文學大系‧小說一集》。

到人文社之後，才知道繼馮雪峰之後，巴人曾擔任過社長兼總編輯。他的照片和馮雪峰的照片，並列印在建社四十周年的紀念冊上。但是聽說，他只做了很短時間的社長兼總編輯，就成了「右傾機會主義分子」，被撤銷了一切職務。「文革」中，受到殘酷無情的批鬥，妻離子散，後以七十高齡的負罪之身，被遣返回鄉，終於慘死。他的不幸遭遇，是人文社諸多前輩中最駭人聽聞的，至今思之愴然。

巴人是浙江奉化人，1901年生，與赫赫有名的大人物蔣介石是同鄉。他是完全可以憑藉這個特殊關係，走仕途，進入政界或軍界，飛黃騰達、官運亨通的。但是，他卻義無反顧地選擇了革命的道路，投身無產階級文學運動，成為一個革命文學作家。

1926年4、5月間，蔣介石親筆寫信給他，讓他去廣州「襄助工作」。他

巴人畫像（柳成蔭繪）

7月到廣州，被安排在北伐軍總司令部政治部秘書處機要科工作，北伐開始後任代理科長。他秘密參加了北伐軍總司令部政治部共產黨小組的活動，經常把重要情報彙報給共產黨組織。後來他見到了周恩來，周恩來問他：「既然你是蔣介石叫來的，為什麼要把這一切情報告訴我們？」

1920年，巴人於浙江省立第四師範畢業時留影。

他回答說：「我是為革命而來，不是為蔣介石工作的。」

1927年3月，他辭去了機要科科長職務，從此，走上了一條動盪不安、顛沛流離的生活道路。他輾轉於寧波、杭州、上虞、上海、日本東京、武漢、南京等地，參加中國左翼作家聯盟，從事革命文學活動，曾三度被捕，兩次坐牢。

他在上虞春暉中學教書時，「四‧一二」政變已經發生了。有一個教員開口閉口「蔣總司令」，為蔣介石的大屠殺辯護。巴人針鋒相對地與他爭論，但這個教員固執己見。於是，巴人就在他的宿舍門上貼了一個紙條，寫著：「蔣

總司令在此，百無禁忌。」此事很快傳遍了全校，這個教員再也待不下去了，只好灰溜溜地離開了學校。

在故鄉讀書的時候，巴人便顯露了出眾的文學才華，人稱「奉化才子」。到四十年代初，他已有十餘本短篇小說集和七八部中長篇小說問世。和他共過事的朋友，都對他的文思敏捷印象極深，很佩服他「日試萬言，倚馬可待」的卓越寫作才能。

上海淪陷、成為「孤島」以後，曾和巴人一起為《文匯報》副刊〈世紀風〉寫雜感的唐弢，說那時的巴人，自己編《譯報》副刊「燼火」，還在幾個報刊上同時寫稿，卻應付裕如。他的特點是「視野開廣，思想明快，下筆迅速，跌宕有致」。

巴人還任《申報》副刊「自由談」的編輯兼社論主筆。當時，報紙的社論須等每天最後的電訊到了之後，才能動筆寫。電訊來的時候，往往已過午夜。他和幾個報紙的副刊編輯，大都是浙東同鄉，他們常常聚會到深夜。為避免包打聽、巡捕來找麻煩，他們便經常以打麻將做掩護。巴人不上報社去，通訊員把電訊送到家裏來，等候取稿。此刻的巴人，仍坐在牌桌旁，左手一杯紹興黃酒，右手執筆落紙如飛，頃刻間一揮而就。而「清一色」、「三番」，也往往同時就「和」出來了。

四十年代在香港，曾和巴人共同編輯過《青年知識》的黃秋耘回憶說：《青年知識》是一份綜合性雜誌，有時臨近發稿日期，還缺幾篇稿件，有國際縱橫談，有青年修養問題，有書評，還有影評，各式各樣。但只要把文章的內容和字數告訴巴人，只需一晝夜，他就能全部趕寫出來。署名是千奇百怪的，「八戒」啊、「行者」啊、

「石果」啊，等等等等，別說別人記不住，就連巴人自己，恐怕也都忘了。

黃秋耘以為，「假如文壇上有所謂『雜家』，有所謂『多面手』，有所謂『急才』，」巴人是「當之無愧」的。

據說，他一生使用過的筆名，大約有一百五六十個之多。「巴人」這個名字，直接來自魯迅發表〈阿Q正傳〉時的署名。他以此作為自己的筆名，儘管曾被「譏為自期傳魯迅的衣缽」，但他的確是魯迅的私淑弟子，是以魯迅精神的傳人自我期許的。

1921年，他從《新青年》上讀到了魯迅的〈狂人日記〉，感受到「一種深重的壓力和清新的氣息」。他認為，〈阿Q正傳〉「將中國人的心臟，血淋淋的給挖出來了」。他還寫過一篇明顯受到了〈阿Q正傳〉的影響的中篇小說〈阿貴流浪記〉。

1927年3月1日，他特意請假，坐船渡過珠江，到中山大學去，聽魯迅到廣州後的第一次演講。他見到魯迅「是個矮小的可憐的黃瘦的人」，有點失望，但馬上從那「墨黑的劍子似的頭髮上」，看到了魯迅的「戰鬥的精神」。

三十年代，在左翼作家聯盟的會議上，在內山書店裏，他多次見到過魯迅。但始終不敢接近魯迅，連交談也沒有，唯恐被魯迅敏銳的眼光看出自己「深自隱諱的劣點」。他覺得，魯迅「對於我是一個偉大的存在！有了他，我知道所以活下去的理由！有了他，我也知道我應走的路！⋯⋯魯迅給予我們的是熱與力！」

1938年版《魯迅全集》（1－20卷）的出版，他做出了很大貢獻。在他的積極參與和努力下，僅用了三個月，就完成了編輯、出版工

作。許廣平說整個編輯、出版工作，「以鄭振鐸、王任叔兩先生用力最多」。

1938年在「孤島」上海，發生過一場關於「魯迅風」雜文的論爭，巴人是這場論爭的一個核心人物。上海淪陷之後，他和柯靈、唐弢、文載道、周木齋、周黎庵等人，經常為《文匯報》副刊「世紀風」和《譯報》副刊「大家談」寫雜文，抒寫身陷「孤島」的悲憤，痛罵漢奸的無恥。這些雜文後來結成《邊鼓集》出版，引起了《中美日報》、《新申報》等有三青團和漢奸背景的小報的忌恨。於是，他們就在文章裏譏諷說，蜀中無大將，留在上海的廖化們，只會模仿魯迅，寫一些毫無價值的雜文。

10月19日，魯迅逝世兩周年之際，阿英以「鷹隼」為名，在他剛剛接編的《譯報》副刊「大家談」上，發表了一篇紀念文章〈守成與發展〉，主張「超越魯迅」。巴人也在他剛接編的《申報》副刊「自由談」上，刊發了題為〈超越魯迅〉的紀念文章。巴人的「超越魯迅」，是學習、繼承和發揚魯迅精神的意思。而阿英的觀點則並不如此。

阿英認為，現在是抗日民族統一戰線的時代，不應停留在模仿魯迅風的雜文的階段，一定要超越魯迅。要戰鬥的，不要諷刺的；要明快的直接的，不要迂迴曲折的；要深入淺出的，不要隱約而晦澀的。而且，他還批評了巴人他們的那本雜文集《邊鼓集》。

巴人立即撰文回應阿英，與他進行辯論。他和寫雜文的朋友們，索性於1939年1月11日，針鋒相對地編輯出版了《魯迅風》雜誌。在「發刊詞」中，他奉魯迅為「處處值得我們取法」的「文壇的宗匠」，指出：「生在鬥爭的時代，是無法逃避鬥爭的，探取魯迅先生

使用武器的祕奧，是用我們可能使用的
武器」，便是這刊物的「用意」。

這場關於「魯迅風」雜文的論爭過
後，巴人仍然繼續不斷地撰寫、發表雜
文，大受歡迎。讀者只知「巴人」，而
不知「巴人」即「王任叔」。巴人也因
此而被譽為「活魯迅」。

然而，恐怕誰也料不到，主張弘
揚魯迅精神，並堅持寫魯迅風式雜文的
巴人，1959年卻由於寫針砭時弊的雜
文，而遭到了猛烈的批判。這是後話。

1940年，巴人與妻子王洛華，兒子
王克寧、王克平在香港合影。

1941年3月，根據中共黨組織的安
排，巴人偕夫人及兩個兒子遠赴香港，
不久又疏散到南洋，輾轉於新加坡、蘇
門答臘、棉蘭等地，教書，辦報，寫小
說，寫話劇，與胡愈之、郁達夫、楊騷
等人堅持抗日鬥爭，還曾流亡到鄉下四
個多月，以種菜為生。他坐過荷蘭殖民
當局的監獄，擔任過華僑聯合總會顧
問，被印尼友人尊敬地稱為「伯·巴
人」（「伯」是印尼人對長輩的尊稱）。

1946年1月，巴人（右）與楊騷在新
加坡合影。

大概是由於巴人有這樣一段經歷，
對印尼比較熟悉吧，1950年8月，他被

任命為新中國駐印尼特命全權大使。那時任命的駐外大使，大部分是從部隊裏挑選出來的，由軍人改行去做外交官，不是司令就是政委，都是將軍。巴人是唯一的一個文人做了駐外大使的。

當了大使的巴人，不改文人本色。一次，他和各國使節一起，應總統蘇卡諾的邀請，到一個飛機場，出席為慶祝印尼空軍節而舉行的盛大典禮。慶典時間很長，一站就是五六個小時。巴人站得腰酸口渴，便抄起一瓶汽水，撬開瓶蓋，把瓶口含在嘴裏，仰頭狂飲起來。這個鏡頭，被在場的美國記者搶拍了下來，很快，美國《生活》雜誌就登出了中國駐印尼大使狂飲汽水的「奇觀」。

他這個文人大使，只當了半年，便被提前「解職」，奉召回國了。據說，主要原因並不是他出席節日典禮時，狂飲汽水失態，而在於他用筆名寫文章，對蘇卡諾總統發表了一些不大友好的言論。

1954年4月，巴人調入人民文學出版社工作，任副社長。1957年兼總編輯。1959年3月任社長兼總編輯。上任之後，巴人很快顯示了一個出版家的眼光、膽識和魄力。

在他的領導和主持下，1954年人文社制定了〈整理古典文學選題計畫〉、〈重印文學古籍選題計畫〉、〈世界文學名著介紹選題計畫〉，合起來是厚厚一大本選題集；1956年制定了十五年出版規劃，並明確了三年內把人文社辦成「專出中外經典文學和有定評的現代創作的出版社」的短期目標。

1956年春天，他還身體力行，親自帶領現代文學編輯室、外國文學編輯室和總編室的五個編輯，一路南下，先後到濟南、南京、上海和廣州組稿，拜訪了一批著名的作家、學者和翻譯家。

「作者是出版社的衣食父母」，是他常說的一句話。

人文社圖書的編輯出版，上了一個新臺階。出版新書品種，由1953年的一百四十八種，達到了1955年的三百六十三種和1956年的三百八十三種，形成了建社以來圖書出版的第一個高潮。不能不說，這與巴人奮力開拓的進取精神和大刀闊斧的工作作風，是有很大關係的。

然而，他的刀斧又難免傷害了一些人。

當時，馮雪峰雖說是社長兼總編輯，但由於還擔任著作協副主席，黨組織的關係並不在出版社，而是在作協那邊。巴人剛來時雖只是副社長，但他是黨委書記，主抓全面工作，又分管二編室（古代文學編輯室）。這樣一來，副總編輯兼二編室主任聶紺弩，就在他的領導之下了。二編室的書稿，聶紺弩終審完了，還要送交他再審一遍，簽字批准。無形之中，聶紺弩作為副總編輯的終審權，給取消了。

巴人批評二編室的選題範圍小，是一種對古典文學遺產的「虛無主義」；批評整理校注基本上自己搞，是「關門辦社」、「打夥求財」，其他諸如沒嚴格按時上下班，以及上班時間聚在一起聊天、談問題，都成了「紀律鬆弛」、「自由主義」等等「問題」。他還在支部會議上說：「二編室黨領導不了，只有聶紺弩能領導。」

於是，矛盾越來越多，關係越弄越僵。聶紺弩乾脆終審權不要了，把它交給了連副主任也不是的舒蕪。書稿由舒蕪終審完了，他只是簽個字而已。聶紺弩認為：巴人主張大開門，請社外專家來做，是不瞭解二編室的實際情況。他尤其反對巴人要編輯按時上下班，還派人在門口看誰何時進門，核對和揭發與簽到簿不符之處，說他這是不懂「編輯工作的特殊性」。

巴人主持的〈重印文學古籍選題計畫〉，沒經過古典部討論，據說傳出去以後，引起古典文學研究界「大嘩」，紛紛提了一些很不客氣的意見。

聶紺弩覺得，巴人到人文社後，「下車伊始」，以為「百廢待舉」，動輒「要改革這改革那」，「有點擺架子，居高臨下」，「莫測高深」，「胸有城府、不擇手段」，排擠馮雪峰，想取馮雪峰而代之。

他認為，巴人的後邊，是周揚。樓適夷也曾和他說過，巴人告訴他，是周揚決定讓他來負責的。後來，社裏的「擁馮派」和「擁王派」，都在黑板報上寫了文章，觀點對立，鬧得不可開交。直到文化部副部長陳克寒親自蒞臨人文社「糾偏」，此事才告終了。

馮雪峰擔任主編的《文藝報》，由於《紅樓夢》研究問題引起毛澤東不滿，遭到批判。馮雪峰已在文聯大會上做了檢討，報紙上也發表了他的檢討文章。巴人又專門請馮雪峰回到社裏，參加支部會，就此事再做檢討。聶紺弩以

1957年1月，巴人與老舍（右二）、葉君健（左一）、周揚（右一）在重慶南溫泉合影。

為，這是巴人搞「逼宮」，想自己當社長。他的態度很鮮明，是「擁馮反王」的。

「胡風反革命集團」案發生之後，聶紺弩被認為是「胡風分子」、「反革命分子」，關起來進行「隔離審查」。開會時，巴人講話，總是「反革命分子聶紺弩」如何如何。聶紺弩的「看不起人」、「說話隨便」、「好發牢騷」、「生活散漫」、「吃吃喝喝」等等，都成了「問題」；他的工作態度也成了「反組織」、「反黨」、「反革命」的。

到了肅反運動後期的「思想建設階段」，二編室的人都要檢討「擁護反革命分子聶紺弩搞獨立王國」的錯誤，聶紺弩成了「獨立王國」的「國王」，舒蕪和張友鸞被認為是「獨立王國」的「左丞右相」。

1957年「反右」運動一來，巴人自然成了人文社運動的領導者。8、9月份，他連續主持召開全社大會批判馮雪峰，傳達夏衍在作協黨組擴大會上的講話，9月3日還做了題為〈馮雪峰為什麼走上了反黨的道路？〉的發言。二編室的反右鬥爭最有成果，舒蕪、張友鸞、顧學頡和李易被打成了「舒、張、顧、李右派小集團」。早就被認為「問題嚴重」的聶紺弩，更是在劫難逃。

聶紺弩成為「右派分子」之後，寫下了被張友鸞稱之為「名篇」的〈題林沖題壁圖寄巴人〉一詩。詩云：

家有嬌妻匹夫死，世無好友百身戕。
男兒臉刻黃金印，一笑心輕白虎堂。

高太尉頭耿魂夢，酒葫蘆頸繫
花槍。

天寒歲暮歸何處，湧血成詩噴
土牆。

在〈雜談聶紺弩詩〉一文中，顧學
頡說：「這首詩未必真的寄給了巴人，
不過在紙上發發怒氣而已。……當然巴
人還沒有高太尉那樣的權力，用來比
擬，也不算過分。」

1981年，香港野草出版社出版聶
紺弩的詩集《三草》，此詩即以此題收
入。1982年人民文學出版社出版《散
宜生詩》，聶紺弩「聽人建議」未收
入，後又「感到惋惜，表示再版時要補
進去」。1984年人文社出版增訂、注
釋本《散宜生詩》，收入此詩，題目上
刪去了「寄巴人」三個字。

七十年代初，聶紺弩見到友人，談
起「反右」時，說過：「王任叔抓到一
些材料，整了我，不料後來他的遭遇，
比我還慘。」言下不勝感慨萬端。

1958年，巴人（左二）與宋慶齡（左
三）、王崑崙（左四）在北京十三陵。

　　以聶紺弩為首的二編室的「文酒之會」，有一段時間常去湖南館子馬凱餐廳。這家具有獨特鄉土風味的飯館，在後門橋迤北、鼓樓之南。1957年，社裏發佈了一個編輯條例，第八條規定，社內編輯一概不付稿酬。這對於二編室那些愛上館子的人，自然影響不小。

　　舒蕪賦詩一首，大發感慨和牢騷：「馬凱漫相招，先看第八條。兩行編輯淚，羞過後門橋。」這簡直是二編室文酒之會的一曲輓歌！其實，「反右」之後，他們有人挨了批鬥，有人發配勞改，還有人坐了牢，可謂風流雲散，文酒之會已成為一場殘夢了。

　　以繼承「魯迅風」雜文自命的巴人，到了1956至1957年，雜文創作迎來了又一個收穫期。他在《人民日報》、《工人日報》、《文藝學習》、《新觀察》、《新港》、《北京文藝》等報刊，連續發表了〈況鍾的筆〉、〈「上得下不得」〉、〈略談生活的公式化〉、〈論人情〉、〈以簡代文〉、〈真的人的世界〉、〈「敲草榔頭」之類〉、〈略談要愛人〉、〈關於「氏族社會」〉、〈「多」和「拖」〉等針砭時弊的雜文。這些有獨到見解、膾炙人口的作品發表後，立即在讀者中，引起了熱烈的反響。

　　可蹊蹺的是，這些反官僚主義、反「左」、反教條主義、呼喚文學作品中的人性的雜文，雖然1957年「反右」風潮中即遭到姚文元的批判，巴人卻在運動中毫髮未損。姚文元在1957年《人民文學》第11期，發表文章〈文學上的修正主義思潮和創作傾向〉，批判巴人認為「無產階級同勞動人民偉大革命品質和集體主義大公無私的感情是沒有人情味的」，「實際上在提倡資產階級的人情而反對無產階級的人情」。

但到了1959年「反右傾」的時候，他還是「出事」了。在康生的授意下，巴人被當做「鼓吹資產階級人性論的代表人物」，他的十六篇文章被當做「反黨」文章，印成了一個小冊子《王任叔同志的反黨文章》，遭到了持續而猛烈的政治批判。批判者給他扣了一頂大得嚇人的帽子：「反對階級鬥爭，對人們實行麻痺和腐蝕，以達到其復辟資本主義的目的」。

1960年3月，巴人被定為「反黨反社會主義分子」，撤銷了黨內外一切職務。第二年2月，他進了出版社的編譯所做副所長。兩個月後，調到中央對外聯絡部亞非研究所，任編譯室主任。

在受到無情批判、殘酷打擊的艱難時刻，巴人寫下了一首自題詩：「忘病忘老工作，力求自強不息；斬斷資產根子，猶如壯士斷臂；立定無產腳跟，萬事兢兢業業；『鞠躬盡瘁』聽命，『死而後已』何惜。」他還給自己制定了一個系統的讀書計畫，打算認真閱讀《馬克思恩格斯全集》和《列寧全集》。

巴人自題詩手跡，寫於1959年10月15日。

到了中聯部亞非所以後，從1962年到1966年，他編譯了幾百萬字的印尼史料，撰寫了近百萬字的專著《印尼古代史》和《印尼近代史》。等到這兩部書出版，已經是他死後的1995年了。

「無產階級文化大革命」終於拉開了帷幕，更大的政治風暴降臨了。巴人不但在中聯部亞非所被批鬥，而且還被人文社的「造反派」揪回社裏鬥過一次。1967年，他依然在堅持寫未完成的《印尼古代史》。1968年被「隔離審查」。1969年11月，妻子與他離婚，帶著女兒別他而去。

這一年11月和12月，他先後三次「突然暈倒，大便失禁」。他自感不好，「此後如何，很難預料」。為此，寫下了一份遺囑，留給兒子王克平。其中有云：「遺憾的是不能完成我希望的《印尼歷史》，也是對人民欠下的一筆債。」他還希望自己的骨灰分為兩份：「一送我出生地大堰，在我們宅後竹山上埋下，一投之於海——我依然關心印尼的革命勝利！」遺囑最後寫道：「毛主席萬歲萬歲萬萬歲！」

1970年3月，巴人被遣送回故鄉奉化大堰村。年底，開始神志不清。第二年，精神失常。冬天不穿衣服，蓬頭跣足，在曠野裏狂奔。有一次，竟在雪地裏躺了一夜。

1972年7月23日，發作腦溢血，口鼻耳流血不止而死。他的遺體，果然如他遺囑裏所說，埋葬在了大堰村的竹山上。

王克平在整理父親的遺物時，發現他留下的手稿，數量驚人。1949年之前的詩稿，包括三部敘事詩《洪爐》、《髑髏哀歌》、《印尼之歌》都是用蠅頭小楷，寫在毛邊紙上，共有幾大冊。還有長篇小

説稿《明日》、《女工秋菊》，散文詩稿《我們將以時間為馬》，以及其他小説、評論和翻譯手稿，等等。

1949年之後創作或者重寫而沒有出版的手稿最多，有長、中篇小説《土地（一名莽秀才造反記）》、《衝突》、《姜尚公老爺列傳》，劇本《五祖廟》，長篇散文〈在泗拉巴耶村〉，回憶錄《旅廣手記》，以及一批尚未題名的小説稿和劇本稿，總計超過一百多萬字。

副題為「五十年前一幅中國江南農村生活風俗畫」的《莽秀才造反記》，1984年由人文社出版，1986年獲得了「人民文學獎」。有研究者認為，他的敘事詩《洪爐》、《髑髏哀歌》、《印尼之歌》都是「珍品」，如果當年就發表出來，「巴人早就被尊之為中國現代敘事詩的開拓者了」。

巴人還是一位具有理論才能的文學家，1940年他就出版了文藝理論專著《文學讀本》，後來經過增訂、修改，1954年改題為《文學論稿》，由上海

巴人長篇小說《莽秀才造反記》，封面設計柳成蔭，人民文學出版社1984年2月出版。

新文藝出版社出版。這是五十年代絕無僅有的一部個人撰寫的文藝理論專著，具有開拓性，當時很受讀者的喜愛。

「天地不仁，以萬物為芻狗。」巴人的一生，可謂經歷異常曲折坎坷，而他的毅力卻極為驚人，他的勤奮亦非常人所能相比，他留下的文字遺產多達一千萬言。

然而，就是這位堪稱著作等身的文學家，這位具有多方面才華、做出了很大貢獻的前輩，在那個殘暴和昏迷的年代，竟然那樣異常淒慘地死在了故鄉！

柯靈說：在「文革」那場「荒謬絕倫的政治大火災中」，巴人「是最慘不忍聞的的祭品之一」。唐弢認為：巴人是「歷史的悲劇裏一個令人歎息的角色！」

「在我夢底一角上組起花圈……」

「……就這樣夢便告了終止，倒也落得個乾淨。然而疏了四五月的破琴，終難制止心中的要求，在那黃葉低吟的時節重複取下，彈起了夢曲，繼續我底夢。」

追溯巴人飽經憂患、歷盡悲歡、起伏跌宕的一生，想起他的悲劇宿命，吟味著他十八歲時寫下的詩句，以及他在〈自敘〉裏所說的這些話，心中不勝痛惜……

2006年6月10日於朝內大街166號北窗下

後記

屋外冷霧彌漫，陰霾滿天。獨坐在北窗下，面對著案頭剛看完的一摞校樣，心中湧起了一陣感動，還有一絲莫名的惆悵……

近幾年來，在私下閒聊或者是開會的時候，有時會情不自禁地談起馮雪峰、聶紺弩等諸位人文社前輩的舊事逸聞來。有的年輕同事聽了，就提議我寫一寫他們。2004年春季的一天，《中華讀書報》總編輯莊建女士大駕枉顧，她希望我談談，作為一個編輯，是如何理解人文社歷史上形成的寶貴傳統的。

我對她說：「籠統地談人文社的傳統，我一時真是說不出什麼；我只能從一位位具體的前輩身上，來感受人文社的傳統。」因為在我看來，他們的行止，他們的文字遺產，他們的個性和人格，是人文社歷史傳統中最具生命力的元素、最有魅力的部分。

莊女士就問我寫過他們沒有。我說：以前只寫過一篇研究馮雪峰的學術論文，還有兩篇關於聶紺弩和牛漢的隨筆之類的東西。她囑我找出來給她看看。

去年2、3月份，《出版廣角》編輯朱璐小姐遠道來訪，約我以系列專欄文章的形式，專門寫一寫我所瞭解的人文社的前輩們。

我能寫好那一代知識份子嗎？心裏真是沒有什麼把握。但面對朱小姐的盛情，只好説：「我試試看吧。」她回到南寧不久，就打電話來説：「選題定下來了。」

　　於是，雖自知這是不自量力，也只有勉力為之了。我一邊看書，一邊搜集材料，一個月一篇地寫起來。

　　有一次，在電話裏和林賢治先生提及此事，他以為做這件事是很有意義的。他還説：「你寫的不止是你們人文社的前輩，這些人都是中國現、當代歷史上著名的文學家，你是在為一個時代的知識份子畫像。」

　　他的話是一個很重要的提醒，也給了我有益的啟示。是的，我所寫的這些前輩中，既有傑出的詩人、小説家、雜文家、劇作家，又有著名的理論家、翻譯家，他們的經歷、遭際、命運，在中國現、當代知識份子中，無疑是具有一定代表性的。為他們畫像，摸索他們的魂靈，恐怕會有某種價值吧。今天，我們似乎仍然生活在他們的長長的身影裏。彷彿記得有人這樣説過：「他們的命運，就是我們的警鐘。」

　　前輩們已經走入歷史、化為歷史，前塵如煙似幻，往事似影如夢，我們只能遠遠地遙望其模糊、斑駁的背影。我只是盡自己的努力，去勾勒我所看到的前輩的面影，抒寫我眼裏所見的前輩的人生，感受和接近前輩的靈魂。自然，看人、看作品是因人而異的，倘若在不同的人和眼光看來，也許會是另一番景象吧。

　　整個寫作過程，情感總是處於激動之中，時而深長地感慨，時而悲傷地歎息。寫到後來，疲累之感不時襲來，似乎激情已經耗盡，越寫越不滿意。「也許該停下來了吧，」我想。人文社值得寫、應該寫

的前輩還有很多，限於自己的接觸、瞭解、眼光、學識和筆力，這一次也只能寫這十三位了。這是很遺憾的。如果可能，我當努力，有機會再繼續描寫其他前輩，並對此書做必要的修訂。

在寫作和成書過程中，我得到了很多師友、同事的鼓勵、幫助和鞭策。牛漢、舒蕪、綠原三位先生熱情歡迎我登門造訪，並提供照片、書刊等珍貴史料；樓適夷先生的夫人黃煒、嚴文井先生的夫人康志強、蔣路先生的夫人凌芝、孟超先生的女兒陸沅、韋君宜的女兒楊團、秦兆陽的女兒秦晴等人，也都向我提供了她們保存的照片、資料，或者珍藏的遺物；巴人之子王克平從上海寄來照片；綠原先生的女兒劉若琴熱心地幫我掃描、發送圖片；馮雪峰先生的公子馮夏熊，以及其他前輩的後人，也都慨允我使用相關照片。我向他們表示由衷的敬意和感激之情。

《人文肖像——在朝內166號與前輩魂靈相遇》這組文字，《出版廣角》從去年第六期開始，到今年第七期為止，一共刊發了十四篇。《上海文學》、《傳記文學》刊載了擴充後的部分篇章，《美文》也計畫發表其餘的一些篇什。在此過程中，社裏同事有的建議我把文章合為一體，結集出書；有的提出了很中肯的修改意見；還有的向我講述他們瞭解、掌握的有關重要線索和情況。楊柳君曾對我剛完成的幾篇初稿，親自動手，進行過認真細緻的加工潤色。周絢隆兄力促拙稿出版，並擔任責任編輯，在審讀中改正了一些訛誤。在寫作過程中，人文社領導也給予了關照和支持。在這裏，謹向他們致以誠摯的謝意。

我還要向林賢治先生致謝，感謝他為此書寫了很好的序言。

現在，我竟不揣譾陋，把這些幼稚的文字集中起來，再輔之以各種圖片，即將印出一本「圖書」來了，誠望得到讀者朋友們的批評和指教。

2006年11月20日王培元記於北窗下

主要參考文獻

孟超編劇、陸放譜曲《李慧娘》	上海文藝出版社 1962 年 5 月出版
馮雪峰著《雪峰文集》第 1－4 卷	人民文學出版社 1981 年 5 月、1983 年 1 月、1983 年 11 月、1985 年 7 月出版
綠原、牛漢編《白色花》	人民文學出版社 1981 年 8 月出版
牛漢著《溫泉》	上海文藝出版社 1984 年 5 月出版
孟超著《水泊梁山英雄譜》	生活‧新知‧讀書三聯書店 1985 年 10 月出版
孟超著《〈金瓶梅〉人物》	光明日報出版社 1985 年 10 月出版
林辰著《魯迅述林》	人民文學出版社 1986 年 6 月出版
《回憶雪峰》	中國文史出版社 1986 年 7 月出版
黃秋耘著《風雨年華》（增訂本）	人民文學出版社 1988 年 9 月出版
《聶紺弩還活著》	人民文學出版社 1990 年 12 月出版
韋君宜著《海上繁華夢》	人民文學出版社 1991 年 8 月出版
聶紺弩著《聶紺弩詩全編》	學林出版社 1992 年 12 月出版
曉風主編《我與胡風——胡風事件三十七人回憶》	寧夏人民出版社 1993 年 1 月出版
陳早春、萬家驥著《馮雪峰評傳》	重慶出版社 1993 年 10 月出版
韋君宜著《露沙的路》	人民文學出版社 1994 年 6 月出版
牛漢著《螢火集》	中國華僑出版社 1994 年 9 月出版
韋君宜著《我對年輕人說》	人民文學出版社 1995 年 8 月出版
韋君宜著《韋君宜》	人民文學出版社 1995 年 12 月出版
秦兆陽著《舉起這杯熱酒》	人民文學出版社 1995 年 12 月出版
陳邇冬著《陳邇冬詩文選》	灕江出版社 1996 年 7 月出版
秦兆陽著《回首當年》	人民文學出版社 1996 年 8 月出版
蔣路著《俄國文史漫筆》	東方出版社 1997 年 1 月出版
王任叔著《王任叔雜文集》	生活‧讀書‧新知三聯書店 1997 年 8 月出版

牛漢著《牛漢詩選》　　　　　　　　　人民文學出版社 1998 年 2 月出版

綠原著《綠原自選詩》　　　　　　　　人民文學出版社 1998 年 3 月出版

韋君宜著《思痛錄》　　　　　　　　　北京十月文藝出版社 1998 年 5 月出版

洪子誠著《1956：百花時代》　　　　　山東教育出版社 1998 年 5 月出版

錢理群著《1948：天地玄黃》　　　　　山東教育出版社 1998 年 5 月出版

黎之著《文壇風雲錄》　　　　　　　　河南人民出版社 1998 年 12 月出版

舒蕪著《回歸五四》　　　　　　　　　遼寧教育出版社 1999 年 8 月出版

郭小川著《郭小川全集》第 9 卷、第 10 卷

　　　　　　　　　　　　　　　　　　廣西師範大學出版社 2000 年 1 月出版

陳徒手著《人有病　天知否——一九四九年後中國文壇紀實》

　　　　　　　　　　　　　　　　　　人民文學出版社 2000 年 9 月出版

《張友鸞紀念文集》　　　　　　　　　文匯出版社 2000 年 10 月出版

李之璉等著《沒有情節的故事》　　　　北京十月文藝出版社 2001 年 1 月出版

郭曉惠編《檢討書——詩人郭小川在政治運動中的另類文字》

　　　　　　　　　　　　　　　　　　中國工人出版社 2001 年 1 月出版

丁景唐等著《我與人民文學出版社》　　人民文學出版社 2001 年 3 月出版

《巴人先生紀念集》　　　　　　　　　人民文學出版社 2001 年 10 月出版

舒蕪著《舒蕪集》第 1 - 9 卷　　　　　河北人民出版社 2001 年 12 月出版

舒蕪口述、許福蘆撰寫《舒蕪口述自傳》

　　　　　　　　　　　　　　　　　　中國社會科學出版社 2002 年 5 月出版

《馮雪峰紀念集》　　　　　　　　　　人民文學出版社 2003 年 6 月出版

綠原著《再談幽默》　　　　　　　　　鳳凰出版社 2003 年 10 月出版

朱珩青著《路翎傳》　　　　　　　　　大象出版社 2003 年 11 月出版

《韋君宜紀念集》　　　　　　　　　　人民文學出版社 2003 年 12 月出版

章詒和著《往事並不如煙》　　　　　　人民文學出版社 2004 年 1 月出版

聶紺弩著《聶紺弩全集》第 1 - 11 卷　武漢出版社 2004 年 2 月出版

林辰著《魯迅傳》　　　　　　　　　　福建教育出版社 2004 年 5 月出版

朱正著《反右派鬥爭始末》　　　　　　明報出版社 2004 年 9 月出版

嚴文井著《嚴文井選集》上、下冊　　　人民文學出版社 2004 年 10 月出版

蔣路著《蔣路文存》上、下冊　　　　　人民文學出版社 2004 年 12 月出版
綠原著《尋芳草集》　　　　　　　　　中央編譯出版社 2005 年 2 月出版
張鈺選編《鬍子的災難歷程──張友鸞隨筆選》
　　　　　　　　　　　　　　　　　北京十月文藝出版社 2005 年 3 月出版
《林辰紀念集》　　　　　　　　　　　人民文學出版社 2005 年 3 月出版
《回望雪峰》　　　　　　　　　　　　上海文藝出版社 2005 年 3 月出版
涂光群著《五十年文壇親歷記》上、下冊
　　　　　　　　　　　　　　　　　遼寧教育出版社 2005 年 5 月出版
《樓適夷同志紀念集》　　　　　　　　人民文學出版社 2005 年 5 月出版
吳思敬編《牛漢詩歌研究論集》　　　　時代文藝出版社 2005 年 8 月出版
王文正口述、沈國凡采寫整理《共和國第一冤案──「胡風反革命集團」案真
相》　　　　　　　　　　　　　　　明報出版社 2005 年 9 月出版
綠原著《綠原說詩》　　　　　　　　　人民文學出版社 2006 年 3 月出版
潔泯著《晨昏斷想錄》　　　　　　　　生活・讀書・新知三聯書店 2006 年
　　　　　　　　　　　　　　　　　4 月出版
《他仍在路上──嚴文井紀念集》　　　人民文學出版社 2006 年 10 月出版
綠原著《綠原文集》第 1－6 卷　　　　武漢出版社 2007 年 3 月出版
《新文學史料》1979 年第 1 期－2006 年第 3 期　　人民文學出版社編輯出版

世紀映像叢書

1. 百年記憶－中國近現代文人心靈的探尋
   蔡登山・著

2. 青山有史－台灣史人物新論
   謝金蓉・著

3. 雪泥鴻爪－近代史工作者的回憶
   陶英惠・著

4. 大師的零玉－陳寅恪，胡適和林語堂的一些瑰寶遺珍
   劉廣定・著

5. 玫瑰，在她如此盛開的時候－探索女性文學的綺麗世界
   朱嘉雯・著

6. 錢鍾書與書的世界
   林耀椿・著

7. 徐志摩與劍橋大學
   劉洪濤・著

8. 魯迅愛過的人
   蔡登山・著

世紀映像叢書

世紀映像叢書

世紀映像叢書

國家圖書館出版品預行編目

『人文』肖像－在朝內166號與前輩魂靈相遇 / 王培元著.
--一版.-- 臺北市：秀威資訊科技, 2008.02
　　面；　公分.--（史地傳記；PC0040）
參考書目：面
ISBN 978-986-6732-81-2（平裝）

1.知識分子　2.傳記　3.中國

782.29　　　　　　　　　　　　97002084

 史地傳記　PC0040

『人文』肖像—在朝內166號與前輩魂靈相遇

作　　者 / 王培元
主　　編 / 蔡登山
發 行 人 / 宋政坤
執行編輯 / 賴敬暉
圖文排版 / 陳湘陵
封面設計 / 李孟瑾
數位轉譯 / 徐真玉、沈裕閔
圖書銷售 / 林怡君
法律顧問 / 毛國樑　律師
出版印製 / 秀威資訊科技股份有限公司
　　　　　　台北市內湖區瑞光路583巷25號1樓
　　　　　　電話：02-2657-9211　傳真：02-2657-9106
　　　　　　E-mail：service@showwe.com.tw
經 銷 商 / 紅螞蟻圖書有限公司
　　　　　　台北市內湖區舊宗路二段121巷28、32號4樓
　　　　　　電話：02-2795-3656　傳真：02-2795-4100
　　　　　　http://www.e-redant.com

2008 年 2 月　BOD 一版
定價： 360 元

讀　者　回　函　卡

感謝您購買本書，為提升服務品質，煩請填寫以下問卷，收到您的寶貴意見後，我們會仔細收藏記錄並回贈紀念品，謝謝！

1. 您購買的書名：＿＿＿＿＿＿＿＿＿＿＿＿＿＿＿＿＿

2. 您從何得知本書的消息？

　　□網路書店　□部落格　□資料庫搜尋　□書訊　□電子報　□書店

　　□平面媒體　□ 朋友推薦　□網站推薦　□其他＿＿＿＿＿＿

3. 您對本書的評價：(請填代號　1.非常滿意 2.滿意 3.尚可 4.再改進)

　　封面設計＿＿　版面編排＿＿　內容＿＿　文/譯筆＿＿　價格＿＿

4. 讀完書後您覺得：

　　□很有收獲　□有收獲　□收獲不多　□沒收獲

5. 您會推薦本書給朋友嗎？

　　□會　□不會，為什麼？＿＿＿＿＿＿＿＿＿＿＿＿＿＿＿＿

6. 其他寶貴的意見：＿＿＿＿＿＿＿＿＿＿＿＿＿＿＿＿＿＿＿

　　＿＿＿＿＿＿＿＿＿＿＿＿＿＿＿＿＿＿＿＿＿＿＿＿＿＿＿

　　＿＿＿＿＿＿＿＿＿＿＿＿＿＿＿＿＿＿＿＿＿＿＿＿＿＿＿

　　＿＿＿＿＿＿＿＿＿＿＿＿＿＿＿＿＿＿＿＿＿＿＿＿＿＿＿

讀者基本資料

姓名：＿＿＿＿＿＿＿＿＿　年齡：＿＿＿＿　性別：□女 □男

聯絡電話：＿＿＿＿＿＿＿　E-mail：＿＿＿＿＿＿＿＿＿

地址：＿＿＿＿＿＿＿＿＿＿＿＿＿＿＿＿＿＿＿＿＿＿＿＿

學歷：□高中(含)以下　　□高中　□專科學校　□大學

　　　□研究所(含)以上 □其他＿＿＿＿＿＿＿

職業：□製造業 □金融業 □資訊業 □軍警 □傳播業 □自由業

　　　□服務業 □公務員 □教職　□學生 □其他＿＿＿＿＿

秀威與 BOD

BOD（Books On Demand）是數位出版的大趨勢，秀威資訊率先運用 POD 數位印刷設備來生產書籍，並提供作者全程數位出版服務，致使書籍產銷零庫存，知識傳承不絕版，目前已開闢以下書系：

一、BOD 學術著作—專業論述的閱讀延伸
二、BOD 個人著作—分享生命的心路歷程
三、BOD 旅遊著作—個人深度旅遊文學創作
四、BOD 大陸學者—大陸專業學者學術出版
五、POD 獨家經銷—數位產製的代發行書籍

BOD 秀威網路書店：www.showwe.com.tw
政府出版品網路書店：www.govbooks.com.tw

永不絕版的故事・自己寫・永不休止的音符・自己唱